CHEMINS DE FER PROJETÉS

DANS LES DEPARTEMENTS

DES BOUCHES-DU-RHONE, DU GARD ET DE L'HÉRAULT

DÉLIBÉRATIONS ET VOEUX

DES

CONSEILS GÉNÉRAUX ET MUNICIPAUX, CHAMBRES DE COMMERCE, ETC.

EN FAVEUR DES

PROJETS MIS A L'ENQUÊTE

PAR

LA COMPAGNIE

DE

S A LYON ET A LA MÉDITERRANÉE

Septembre et Octobre 1862

PARIS

IMPRIMERIE ADMINISTRATIVE, DES CHEMINS DE FER ET DE LA BANQUE DE FRANCE

DE PAUL DUPONT

RUE DE GRENELLE-SAINT-HONORÉ, N° 45

1862

CHEMINS DE FER PROJETÉS

DANS LES DÉPARTEMENTS

DES BOUCHES-DU-RHONE, DU GARD ET DE L'HÉRAULT

DÉLIBÉRATIONS ET VŒUX

DES

CONSEILS GÉNÉRAUX ET MUNICIPAUX, CHAMBRES DE COMMERCE, ETC.

EN FAVEUR DES

PROJETS MIS A L'ENQUÊTE

PAR

LA COMPAGNIE

DE

PARIS A LYON ET A LA MÉDITERRANÉE

Septembre et Octobre 1862.

PARIS

IMPRIMERIE ADMINISTRATIVE, DES CHEMINS DE FER ET DE LA BANQUE DE FRANCE

DE PAUL DUPONT

RUE DE GRENELLE-SAINT-HONORÉ, N° 45

1862

4522

©

TABLE DES MATIÈRES.

BOUCHES-DU-RHONE.

———

Conseil général des Bouches-du-Rhône.

Chambre de Commerce de Marseille.

Conseil municipal d'Aix.

Chambre consultative d'Arts et Manufactures d'Aix.

Conseil municipal d'Arles.

Observations des Capitaines marins d'Arles.

Conseils municipaux : d'Aubagne, de Roquevaire, de Saint-Chamas, de Saint-Remy.

Conseil général des Bouches-du-Rhône.

Séance du 30 Août 1862.

Le Conseil général des Bouches-du-Rhône, saisi de la question de savoir à laquelle des deux Compagnies, de la Méditerranée ou du Midi, il devait donner la préférence dans les propositions qu'elles formulent l'une et l'autre, a pris la délibération suivante :

Considérant que la question soumise au Conseil général doit être examinée à quatre points de vue différents :

1° Au point de vue des intérêts généraux de la région du Midi, quels avantages présentent, soit les propositions de la Compagnie du Midi, soit celles de la Compagnie de la Méditerranée ;

2° Au point de vue plus spécial des intérêts départementaux, quels avantages résulteront de l'exécution des projets de la Compagnie du Midi ;

3° Quels avantages résulteront de l'exécution des projets de la Compagnie de la Méditerranée ;

4° Enfin, et en dehors des considérations qui précèdent, quel est le droit à une préférence que pourrait invoquer chacune des Compagnies rivales.

Sur le premier point :

Considérant que chacun des deux projets satisfait, bien que dans des mesures différentes, aux exigences de la situation, et fait disparaître les inconvénients et les périls justement signalés, en ce sens que l'un et l'autre de ces projets créent à Marseille une gare nouvelle, et dégagent la voie actuelle par l'établissement d'une voie plus ou moins parallèle, et qu'enfin les deux projets conjurent le danger qui pourrait résulter de l'obstruction du souterrain de la Nerthe ;

Considérant, en second lieu, que le projet de la Compagnie du Midi apportera à la ligne actuelle le soulagement de la décharger des marchandises échangées entre les régions du Sud-Est et du Sud-Ouest ; que celui de la Compagnie de la Méditerranée aura pour conséquence de faire porter cette diminution sur les marchandises échangées entre Marseille d'une part, et le centre et le nord de la France de l'autre ;

Que ce second résultat paraît au Conseil devoir atteindre plus complétement le but poursuivi.

Sur le second point :

Considérant que la ligne du Midi n'apporterait qu'un avantage moindre pour la population des Bouches-du-Rhône ; que la ligne projetée, après avoir parcouru la partie la plus aride et la plus déserte de notre littoral, franchit le Rhône et s'engage dans les solitudes et les marais insalubres de la basse Camargue, pour arriver aux limites départementales, sans traverser un centre important, si l'on en excepte cependant les villes d'Aigues-Mortes, de Bouc et de Martigues ;

Considérant qu'Aigues-Mortes doit être desservi plus utilement par une ligne se dirigeant sur Lunel, qui a été l'objet d'une loi ; que le port de Bouc et les Martigues seraient mieux desservis par l'embranchement sur le Pas-des-Lanciers, proposé par la Compagnie de la Méditerranée, que par la ligne littorale ;

Considérant que la ligne littorale établie parallèlement au rivage de la mer pourrait être coupée, soit par des inondations, soit en cas de guerre par les canonnières ennemies ; que les 70 millions nécessaires pour l'exécution de cette ligne pourraient être plus utilement employés à la création d'autres lignes dans les départements méridionaux ;

Considérant que la ligne du Midi ne peut, en aucun cas, être considérée comme un dégagement sur Lyon et Paris ; que le projet de la Compagnie de la Méditerranée remplit seul ce dernier but.

Sur le troisième point :

Considérant que le *projet de la Compagnie de la Méditerranée, reliant Aix à Marseille par une ligne directe*, traverse le centre du département, et assure aux populations des avantages considérables. L'industrie aixoise, jouissant du double bienfait des eaux du Verdon et de la voie ferrée, prendra cet essor que lui assurent sa position topographique et la nécessité où est Marseille de rechercher, pour certaines industries, des emplacements vastes et peu coûteux ;

Considérant que cette abréviation des distances profitera encore au transit des marchandises entre les Alpes d'une part, Marseille, Toulon et Nice de l'autre.

Considérant que le bassin à lignites de Fuveau doit être mis en relation avec Marseille, Aix et Toulon, tant au point de vue industriel qu'au point de vue de la navigation commerciale et militaire, par la voie rapide et économique d'un chemin de fer ;

Considérant qu'il serait utile de ménager la possibilité de rattacher les nouvelles lignes à Trest et Saint-Maximin, de manière à pouvoir plus tard rejoindre par la vallée de l'Argens la ligne de Toulon à Nice, et former ainsi une seconde ligne sur Toulon et Nice, indépendante de celle de Marseille ;

Considérant que la ligne proposée d'Aix à Marseille par Gardanne établit entre ces deux villes une communication directe, qu'elle réserve les moyens de la relier avec Saint-Maximin et le Var, qu'elle dessert, bien que très-imparfaitement, le bassin de Fuveau ;

Considérant, néanmoins, que ce bassin pourrait être desservi plus convenablement par l'exécution simultanée de *la section d'Aubagne à Fuveau* et de la ligne de Marseille à Aix par Gardanne ; que l'exécution de ces deux lignes aurait l'avantage de donner à Marseille deux entrées indépendantes du tunnel de la Nerthe ;

Considérant que la *ligne de jonction de Lunel à Arles* présente, par rapport au parcours actuel entre Montpellier et Marseille, une abréviation de 25 kilomètres ; que son exécution sera facile et relativement peu coûteuse ;

Considérant, relativement à l'embranchement du Pas-des-Lanciers aux Martigues et à Bouc, que les Martigues, ville de 8,000 âmes, possède des chantiers de construction et d'importants établissements saliniers ; que cette ville est, de plus, appelée à un grand avenir, par la création du canal maritime de Bouc à l'étang de Berre et par son voisinage de cette magnifique mer intérieure qui deviendra un jour un grand port militaire et le refuge le plus assuré de notre marine marchande ; que l'inscription maritime s'accroîtra avec le développement du pays ;

Considérant que le port de Bouc est, par le canal d'Arles, le point de jonction de la navigation intérieure avec la mer ; qu'il est entouré de nombreux établissements industriels ;

Considérant que l'embranchement en question met en relation Bouc et les Martigues avec l'intérieur, et leur permet d'atteindre rapidement et sans détour, soit Marseille, soit Aix, où sont leurs principales relations ;

Considérant que la *gare de l'Estaque* proposée par la Compagnie de la Méditerranée donnera la facilité de dégager la gare actuelle, et sera d'une incontestable utilité pour les ports de Marseille construits ou à construire ;

Considérant, quant à la proposition *d'une nouvelle gare à Marseille*, que les prévisions des ingénieurs, à l'endroit des gares des marchandises, ont toujours été dépassées, et qu'il a fallu les agrandir constamment ; que la gare de Marseille, en particulier, a éprouvé et éprouve encore ce besoin, et que, malgré de nouveaux agrandissements possibles, il faut prévoir l'impossibilité d'y concentrer un service qui s'accroîtra d'autant plus que la prospérité de Marseille ira toujours en augmentant ; que, dès lors, la prudence commande de diviser le mouvement des marchandises entre des gares diverses disposées pour desservir tous les points de la ville ; que, dans cet ordre d'idées, la partie nord ayant à sa portée la gare actuelle de Saint-Charles et de la Joliette et la gare projetée de l'Estaque, il devient indispensable d'en établir une au midi, et de la relier à la gare principale actuelle, au moyen d'un embranchement qui pourra servir de chemin de ceinture ; — que l'établissement de cette gare permettra à la partie méridionale de la ville de participer aux avantages dont jouit seule jusqu'à présent la partie du nord.

Sur le quatrième point :

Considérant que la concession sollicitée par la Compagnie du Midi constituerait une violation, sinon de la lettre, au moins de l'esprit du pacte en force duquel la Compagnie de la Méditerranée s'est établie ;

Considérant que la concession de la ligne littorale à la Compagnie du Midi, loin d'être favorable à la concurrence, serait bien plutôt un moyen de consolidation, dans ses mains, du monopole des transports qu'elle exerce entre Cette et Bordeaux, par la réunion des voies navigables et ferrées ; que cet état de choses doit provoquer l'attention du Gouvernement qui vient d'abaisser les tarifs de transport sur de nombreux canaux, et ne pourra permettre que, sur ceux du Midi et de la Garonne, les transports soient taxés, en moyenne, quatre fois plus que sur les autres ;

Considérant que le Conseil général des ponts et chaussées et le Comité supérieur des chemins de fer se sont déjà prononcés en faveur des propositions de la Compagnie de la Méditerranée ;

Considérant qu'il convient de maintenir le système des réseaux, qui, en élevant si haut le crédit des Compagnies, a permis au Gouvernement de leur confier l'exécution de nombreuses lignes, et assurera l'achèvement complet du réseau français ; que la renonciation à ce système, en privant les Compagnies de leur crédit, ferait éprouver d'immenses pertes aux nombreux porteurs de leurs actions et obligations ; que cette mesure ne serait ni politique ni équitable ;

Considérant que M. Talabot, directeur général de la Compagnie de Paris à Lyon et à la Méditerranée, entendu par le Conseil général, lui a donné l'assurance :

1° Que, si ses propositions étaient agréées par le Gouvernement, l'exécution des projets offerts ne dépasserait pas trois ans ; 2° que ses propositions étaient indivisibles ; 3° que, si le Gouvernement demandait à la Compagnie l'exécution des lignes de Fuveau à Saint-Maximin et de Tarascon à Orgon, il était prêt à entrer en négociation ; 4° que, si le Conseil général désirait que la partie du chemin de fer des Alpes, dont le tracé n'est point encore définitif, passât sur la rive gauche de la Durance, c'était aussi le vœu de la Compagnie de la Méditerranée ;

Considérant que le Conseil général a offert à la Compagnie du Midi de recevoir et d'entendre ses représentants comme il l'a fait pour la Compagnie de la Méditerranée, et que ces représentants, bien qu'annoncés, ne sont point venus ;

Considérant que le vote émis l'année dernière par le Conseil général, en faveur des propositions alors offertes par la Compagnie du Midi, ne saurait lui être opposé dans les circonstances actuelles ; que le vote de l'année dernière tendait à la réalisation d'avantages que la Compagnie du Midi était seule à offrir, et qu'il était du devoir du Conseil général d'accepter ; qu'un acte de préférence était donc impossible ; que ce vote doit être aujourd'hui formulé en faveur de la Compagnie de la Méditerranée, dès l'instant où celle-ci sauvegarde plus complétement les intérêts du département,

Le Conseil général donne la préférence aux projets présentés par la Compagnie de la Méditerranée sur ceux présentés par la Compagnie du Midi.

En conséquence, il demande que le Gouvernement concède à la Compagnie de la Méditerranée, qui offre de les exécuter sans subvention, et à la condition expresse et indivisible qu'elles le seront dans le délai de trois ans :

1° Une ligne de Lunel à Arles ;

2° Un embranchement du Pas-des-Lanciers aux Martigues et à Bouc ;

3° Une ligne directe de Marseille à Aix ;

4° Une gare de marchandises à l'Estaque, avec raccordement sur les ports de Marseille ;

5° Une gare au sud de Marseille, avec embranchement servant de tête de ligne sur Toulon et sur Nice ;

6° La ligne de Lunel au Vigan ;

Et avec subventions :

7° La ligne du Vigan sur Milhau ;

8° Une ligne d'Alais à l'embranchement de Privas à Livron.

Le Conseil général demande encore :

1° Que parmi les tracés entre Aix et Marseille, la préférence soit donnée à celui qui passe par Gardanne ;

2° Que la ligne d'Aubagne à Fuveau soit exécutée simultanément avec celle d'Aix ;

3° Que le Gouvernement demande à la Compagnie de la Méditerranée l'exécution des lignes de Fuveau à Saint-Maximin et celle de Tarascon à Orgon, en passant par Saint-Remy ;

4° Que la partie du chemin de fer des Alpes, dont le tracé n'est point encore définitif, passe sur la rive gauche de la Durance.

Chambre de Commerce de Marseille.

Séance du 16 Septembre 1862.

Présents :

Messieurs J.-B. Pastré, Président ; Amédée Armand, Vice-Président ; Ch. Roux, Félix Touache, Hilarion Roux, Roulet, Bergasse, Féraud, Courtot, Bernard et Albert Pascal.

M. le Président fait connaître que le but de la réunion est d'entendre le Rapport de la Commission chargée par la Chambre de formuler un avis à présenter dans l'enquête ouverte sur les propositions de la Compagnie du Midi et de la Compagnie de Paris à Lyon et à la Méditerranée.

M. Amédée Armand, Rapporteur de cette Commission, s'exprime en ces termes :

MESSIEURS,

Par sa dépêche en date du 18 août dernier, M. le Sénateur administrateur du département des Bouches-du-Rhône a invité la Chambre à donner son avis dans l'enquête comparative ordonnée par le Gouvernement sur les propositions de la Compagnie du chemin de fer du Midi et celles de la Compagnie de la Méditerranée.

Vous connaissez l'importance de ces propositions diverses qui préoccupent à si juste titre le commerce et l'industrie du pays, tant par la gravité des intérêts engagés que par les questions de principe qu'elles soulèvent.

Vous n'ignorez pas non plus avec quelle ardeur la lutte s'est établie entre les deux Compagnies, et combien on a cherché à passionner l'opinion publique pour ou contre leurs projets.

Dans l'examen des questions qui vous sont soumises, le devoir de votre Commission était de se tenir en dehors de cette excitation des esprits, de demeurer libre de toute préoccupation étrangère à l'intérêt que la Chambre représente, et de se borner à constater les véritables besoins du commerce, en indiquant le mode le plus convenable de leur donner satisfaction.

Pour préparer votre détermination, vous avez fait une étude approfondie de tous les arguments qui ont été présentés.

Vous avez appelé dans votre sein les directeurs des deux Compagnies, et vous avez reçu d'eux-mêmes les renseignements susceptibles d'éclairer vos résolutions.

Aussi, quelle que soit la mesure d'influence qui pourra être réservée à votre avis, vous aurez, dans tous les cas, le droit de vous rendre le témoignage que vous n'avez rien négligé pour le donner en complète connaissance de cause.

Il ressort clairement de l'étude que chacun de nous a faite des deux projets que nous avions à examiner, la conviction qu'il faut considérer dans leur ensemble les propositions présentées, d'un côté, par la Compagnie du Midi, et de l'autre, par la Compagnie de la Méditerranée.

La Compagnie du Midi expose que la ligne actuelle de Cette l'oblige à un trop long parcours pour aboutir à Marseille.

Elle se plaint de ne pouvoir communiquer avec Marseille qu'en rompant charge et qu'à l'aide de transbordements.

Elle ajoute que le service se trouve ainsi divisé, et qu'il manque de l'unité nécessaire pour une bonne administration.

Elle fait observer qu'une seule gare et une seule sortie sont insuffisantes pour le mouvement du trafic à Marseille.

Enfin, d'après cette Compagnie, la concurrence est toujours utile, et l'intérêt général ne peut que gagner à avoir sur Cette deux chemins de fer au lieu d'un.

Elle propose, en conséquence, de relier directement Cette à Marseille par un nouveau chemin le long du littoral, passant par Aigues-Mortes, Bouc et les Martigues.

Ce nouveau chemin n'aurait que 160 kilomètres et présenterait une diminution de parcours de 45 kilomètres sur le tracé actuel par Tarascon.

Il supprimerait les ruptures de charge et les transbordements qui existent actuellement entre Marseille et le réseau du Midi; par ce moyen la Compagnie du Midi donnerait une seconde sortie et une nouvelle gare à Marseille.

En outre, la Compagnie du Midi a demandé la concession d'un chemin de fer de Montpellier à Rodez, par Saint-Affrique et Millau, afin de faire profiter ces contrées d'une communication avec la Méditerranée, et d'amener, par un parcours réduit, les houilles de Graissessac dans les Bouches-du-Rhône.

La Compagnie de la Méditerranée présente, de son côté, des propositions pour satisfaire à l'intérêt public sur les divers points que nous venons de signaler.

Elle abrége la distance de Cette à Marseille par une ligne entre Arles et Lunel : la différence de 45 kilomètres entre la ligne projetée par le littoral et le chemin actuel de Cette se trouve ainsi réduite à 20 kilomètres, et dès à présent, comme pour l'avenir, cette Compagnie s'oblige à réduire à 160 kilomètres, qui est la longueur du tracé par le littoral, la distance qui sera tarifée pour les marchandises et les voyageurs entre Marseille et Cette.

Elle laisse, dès à présent, la Compagnie du Midi maîtresse de fixer, pour le trafic, entre le réseau du Midi et Marseille (voyageurs et marchandises), les tarifs communs ainsi que les délais et conditions que la Compagnie du Midi aura fixés pour elle-même.

De plus, pour le moment où la Compagnie du Midi aura posé sa seconde voie, elle s'oblige à établir des trains de voyageurs à la vitesse qui sera réglée par la Compagnie du Midi sur sa propre ligne, sans transbordement ni interruption d'aucune sorte, et à admettre le parcours réciproque des wagons d'une extrémité à l'autre des deux lignes sans rupture de charge à Cette ni ailleurs.

La Compagnie de la Méditerranée propose aussi de relier Bouc et Martigues à Marseille par un embranchement se détachant de la ligne principale à la station du Pas-des-Lanciers.

Pour remédier aux inconvénients d'une seule sortie et d'une seule gare à Marseille, elle s'oblige encore à établir :

1° Une nouvelle gare au sud de la ville, avec embranchement servant de tête de ligne sur Toulon et sur Nice ;

2° Une ligne de Marseille à Aix donnant une seconde sortie, soit par le Col du

Pin, soit par Aubagne et Fuveau, et se soudant à la ligne principale au-dessus d'Aix ;

3° Une gare de marchandises à l'Estaque, avec raccordement sur les ports de Marseille ;

4° Enfin, en ce qui concerne la communication à établir entre Rodez et le département des Bouches-du-Rhône, la Compagnie de la Méditerranée offre d'exécuter la ligne de Lunel au Vigan et celle du Vigan à Milhau, où elle rencontrerait le réseau de la Compagnie d'Orléans prolongé de Rodez à Milhau.

Et, dans le cas où la Compagnie du Midi refuserait de se charger de la ligne de Montpellier à Milhau par Saint-Affrique, la Compagnie de la Méditerranée offre d'exécuter elle-même cette ligne.

Tel est l'ensemble des deux groupes de propositions soumises à notre examen.

Quels sont les besoins auxquels ces propositions diverses doivent satisfaire dans l'intérêt général ?

Quelles sont les propositions qui y satisfont le mieux ?

C'est ce que nous avons à examiner.

Il est incontestable que notre gare actuelle est insuffisante malgré les agrandissements récents qu'elle a reçus.

Il est également démontré qu'une seule sortie de Marseille ne peut suffire à son trafic actuel, et encore moins au progrès de l'avenir.

Il faut donc à Marseille une nouvelle gare et une nouvelle sortie indépendante de celle qui est établie par le souterrain de la Nerthe.

Les propositions de la Compagnie du Midi, il faut bien le reconnaître, ne donnent satisfaction à ces besoins que dans une mesure infiniment trop restreinte.

Dans quelle direction s'opère, en effet, la plus grande partie du mouvement commercial dont Marseille est le centre ? Où sont les principaux, les plus nombreux clients du commerce marseillais ? Ils ne sont évidemment pas au Sud-Ouest. Sauf quelques produits spéciaux à la Méditerranée qu'on envoie dans cette région, le commerce de Marseille est forcément limité, dans cette direction, par le rayon de débouchés des ports de l'Océan qui reçoivent les mêmes marchandises que Marseille. Au contraire, vers le Nord et l'Est, nous avons à pourvoir presque exclusivement aux besoins de populations riches, industrielles, tant en France qu'en Suisse et en Allemagne, où nous pouvons développer largement nos débouchés.

Le commerce entre Marseille et Cette et le réseau du Midi ne forme en réalité qu'une minime fraction du trafic général.

Le mouvement commercial par chemin de fer a été, pour Marseille, en 1861, de 1,239,000 tonnes, dont 1,195,000 dans la direction du Nord et 44,000 dans la direction de Cette.

Le débouché nouveau offert par la ligne projetée du littoral est exclusivement dirigé sur Cette.

Or, en supposant que cette ligne nouvelle attirât à elle la moitié, les trois quarts, la totalité si l'on veut, des marchandises qui ont cette destination, ce serait une diminution de **trois et demi pour cent** des marchandises qui traversent notre gare actuelle.

Les relevés du mouvement général du premier semestre de 1862 donnent la même proportion.

Une réduction de **trois et demi pour cent** serait évidemment sans effet pour prévenir l'encombrement.

Il nous reste, d'ailleurs, une voie toujours ouverte entre Cette et Marseille, par la navigation à voiles et à vapeur.

La Compagnie de la Méditerranée, au contraire, divise le mouvement sur l'artère qui réclame le plus impérieusement cette division et qui reçoit l'énorme proportion de **96 1/2 O/O** du trafic général.

En ce qui concerne les gares, elle divise ce mouvement par deux gares nouvelles : l'une à l'Estaque, en communication avec les ports; l'autre établie dans la partie méridionale de la ville.

Elle divise le mouvement sur la ligne elle-même, par une voie directe et indépendante sur Aix, ne se rattachant à la ligne principale qu'à une distance convenable de Marseille.

Nous aurons donc, par les propositions de la Méditerranée, trois gares, deux sorties et deux lignes dans la direction du Nord jusques à Avignon, où l'encombrement n'est plus à redouter.

Sur ce point, la préférence est incontestablement acquise aux propositions de la Compagnie de la Méditerranée.

En ce qui concerne nos relations avec le Sud-Ouest de la France par le réseau du Midi, tout le monde reconnaît que la ligne actuelle de Cette à Marseille impose à ces relations un allongement de parcours, que, de plus, la nécessité de rompre charge à Cette et d'y opérer des transbordements est une cause de perte de temps et d'augmentation de frais.

Sous ce rapport, l'utilité générale réclame depuis longtemps qu'il soit remédié à ces inconvénients.

La Compagnie de la Méditerranée donne à cet égard, par ses propositions, satisfaction aux exigences de l'intérêt public comme à tout ce que les désirs de la Compagnie du Midi ont de légitime.

En effet, par la ligne directe d'Arles à Lunel, l'allongement de parcours se trouve réduit à une différence de 20 kilomètres, et cette différence disparaît entièrement par l'engagement que prend la Compagnie de la Méditerranée de ne tarifer sa ligne de Cette à Marseille, ainsi réduite, que pour 160 kilomètres, longueur de la ligne projetée par le littoral.

De plus, elle laisse la Compagnie du Midi maîtresse de fixer les délais et les conditions du transport comme elle les règlera pour sa propre ligne.

D'autre part, les wagons des deux Compagnies pouvant circuler d'une extrémité à l'autre sur les deux lignes, il n'y a plus de transbordements, de ruptures de charge : c'est, pour chaque Compagnie, comme la continuation d'un parcours sur sa propre ligne ; il n'y a plus de frais inutiles ni de pertes de temps.

Il n'y a pas à craindre non plus des embarras dans le service.

Les choses sont ainsi établies entre des lignes bien plus importantes que celles du Midi et de Cette à Marseille.

Nous pourrions citer ici de nombreux exemples de points de soudure de divers réseaux, non-seulement entre chemins français, mais encore de chemins français à chemins étrangers, où les choses se passent ainsi sans aucun inconvénient. Nous nous bornerons à mentionner des rapports semblables établis entre la ligne du Havre et celle de l'Est, et entre le chemin de Paris-Méditerranée et les lignes avec lesquelles il correspond.

Les relations entre le Havre et nos départements de l'Est constituent un trafic bien

autrement considérable que celui existant entre Cette et Marseille (il a été de
155,000 tonnes en 1861), et cependant on n'a pas entendu dire que le parcours du
Havre à Mulhouse, et réciproquement, s'effectuant ainsi sur des lignes appartenant à
plusieurs Compagnies, ait jamais donné lieu à aucune plainte.

En 1861, le transit de la Compagnie de la Méditerranée

avec l'Est a été de................	375,000	tonnes
avec le Nord....................	164,000	»
avec l'Ouest....................	100,000	»
avec l'Orléans..................	480,000	»

Puisqu'un pareil transit, formant un total de 1,119,000 tonnes, n'a donné aucun
embarras, comment supposer qu'il en existerait dans les relations entre le réseau
du Midi et Marseille ?

Ce serait une exception d'autant plus inexplicable que la Compagnie du Midi
s'est déclarée elle-même, devant la Chambre, parfaitement satisfaite de ses relations de transit avec la Compagnie de la Méditerranée pour toutes les destinations
vers le Nord.

Si le défaut d'unité de service est sans inconvénient pour le transit de la Compagnie du Midi par la ligne de la Méditerranée vers le Nord, peut-on raisonnable-
ment admettre que ce transit ne s'effectuera pas dans les mêmes conditions vers
Marseille ?

Enfin, c'est la Compagnie du Midi qui règlera les tarifs du parcours de Cette à
Marseille ; elle n'a donc pas à redouter d'être traitée avec rigueur sur la ligne qu'elle
empruntera.

La Compagnie de la Méditerranée demande toutefois que ses tarifs soient communs avec ceux de la Compagnie du Midi, mais celle-ci ne paraît pas disposée à
accepter ces tarifs communs; elle veut rester libre de varier ses tarifs comme il lui
plaira sur les diverses parties de son parcours.

Ce désir est tiré sans doute de l'appréciation qu'elle a le droit de faire de son
intérêt particulier ; mais il est évidemment hostile à l'intérêt général, et le commerce doit s'opposer à sa réalisation.

Nous touchons ici à une question très-importante; celle des tarifs différentiels.

3

Nous sommes loin de méconnaître les services que les tarifs différentiels peuvent rendre, dans certains cas, au commerce et à l'industrie, mais nous n'ignorons pas non plus à combien de combinaisons abusives on peut aboutir avec ces tarifs. Or, ces abus ne tendent à rien moins qu'à fausser la destination naturelle des chemins de fer, à créer un état factice dans l'intérêt de certaines spéculations et surtout pour la destruction de toute concurrence.

La Chambre a toujours protesté énergiquement contre le jeu immodéré des tarifs ; elle n'a cessé de demander que l'application des tarifs différentiels fût restreinte le plus possible, et ses réclamations ont contribué à obtenir du Gouvernement l'interdiction des tarifs différentiels basés sur les quantités de marchandises à transporter.

Mais s'il peut être utile que le Gouvernement en permette encore l'application pour ce qui tient aux distances, la Chambre trouve dans l'établissement des tarifs communs kilométriques entre la Compagnie du Midi et la Compagnie de la Méditerranée une garantie contre des abus auxquels il faudrait nécessairement s'attendre.

Que se passerait-il, en effet, si la Compagnie du Midi avait la faculté d'appliquer à son gré des tarifs différentiels sur sa ligne prolongée? Elle le ferait à coup sûr de manière à attirer tout le trafic entre Marseille et Cette sur sa voie ferrée au préjudice de tous les autres moyens de communication.

Le premier résultat serait l'anéantissement du cabotage si important entre Marseille et Cette. La Compagnie du Midi y parviendrait facilement, par l'application, entre ces deux points, de tarifs très-bas, alors même qu'ils la constitueraient en perte sur cette partie de son parcours.

Certes, si l'intérêt général devait en profiter, nous serions les premiers à accepter cette nouvelle situation. Malheureusement il n'en est rien, et l'intérêt général aurait, au contraire, beaucoup à souffrir de l'élévation définitive des prix qui succéderait inévitablement à cet abaissement temporaire.

La certitude de ce qui nous est réservé à cet égard résulte pour nous de la manière dont la Compagnie du Midi a usé de ses tarifs à l'égard du canal du Languedoc, parallèle à sa ligne ferrée.

En effet, cette Compagnie, déjà maîtresse du canal latéral à la Garonne, s'est trouvée en concurrence, dès le début de son exploitation, avec le canal du Languedoc.

La première conséquence de cette rivalité a été un abaissement de tarif sur toute la voie ferrée.

Jusque là, tout paraissait établi dans l'intérêt du commerce, qui semblait n'avoir qu'à se féliciter d'une réduction de 40 0/0 dans ses frais de transport de Cette à Toulouse, réduction que lui procurait, en effet, l'abaissement anormal des tarifs entre ces deux points. Mais les choses n'ont pas tardé à changer de face : la Compagnie du Midi est devenue fermière du canal du Languedoc, qui a dû se rendre à merci plutôt que de périr tout à fait dans une pareille lutte.

Dès le moment de la concentration des deux voies dans les mains de la Compagnie du Midi, ces tarifs ont été surélevés de plus de 140 0/0, et le commerce, qui avait pu se flatter un instant que le primitif abaissement de tarif sur la voie ferrée lui serait profitable, n'a pas tardé à reconnaître son erreur et à voir clairement alors qu'il était appelé à supporter seul les lourdes conséquences de ces ingénieuses combinaisons.

Qu'on nous permette d'entrer dans quelques détails.

Un tarif, régulièrement approuvé le 20 mars 1857, avait fixé les droits de péage sur le canal du Languedoc à 0 fr. 03 par tonne et par kilomètre pour un grand nombre de marchandises; la plupart d'entre elles étaient tarifées à 0 fr. 02 1/2 pour un parcours de 100 à 200 kilomètres.

Lorsque le parcours excédait 200 kilomètres, elles ne payaient que 0 fr. 02 c. Enfin, ces mêmes marchandises, venant de Marseille avec lettre de voiture directe, parcourant plus de 200 kilomètres ne payaient que 0 fr. 1 c. par tonne et par kilomètre.

Immédiatement après la prise de possession du canal du Languedoc par la Compagnie du chemin de fer du Midi, la taxe générale et uniforme a été fixée à 0 fr. 05 c. par tonne et par kilomètre. Comme on le voit, cette nouvelle taxe a été portée, pour certains cas, au quintuple du tarif préexistant.

Il est résulté de là que les frais de transport (traction comprise) qui, pendant la concurrence entre le canal du Languedoc et le chemin de fer, étaient tombés, de Cette à Toulouse, à 7 fr. 40 c., ont été élevés à 17 fr. par tonne.

Sans doute, le prix de transport de 7 fr. 40 c. entre Cette et Toulouse n'était que l'effet d'une lutte à outrance qui ne pouvait se prolonger indéfiniment, et, sous ce rapport, le rétablissement normal des tarifs était à prévoir dans un avenir plus ou moins prochain.

Le commerce avait toutefois le droit d'espérer que l'augmentation n'atteindrait pas ou tout au moins ne dépasserait pas les tarifs antérieurs à la lutte.

Malheureusement, les faits sont encore venus détruire cette illusion, et le commerce a dû se résigner à supporter le prix de 17 fr. par tonne entre Cette et Toulouse, au lieu du prix de 11 fr. qu'il payait avant l'établissement du chemin de fer.

Lorsque, dans une de nos dernières séances, nous avons demandé compte, comme c'était notre devoir, au directeur de la Compagnie du chemin de fer du Midi, d'un aussi déplorable résultat, il s'est borné à nous répondre qu'il n'y avait pas d'aliment entre Cette et Bordeaux pour la *ligne ferrée et les canaux*, et, selon sa propre expression : *qu'il n'y avait pas à vivre pour les deux voies.*

Cet arrêt de mort, qui a frappé les canaux, atteindrait fatalement le cabotage entre Cette et Marseille, si la Compagnie du Midi restait libre d'appliquer les tarifs différentiels sur ce parcours.

Là aussi, on déclarerait qu'il n'y a pas à vivre pour deux ; le cabotage succomberait dans une lutte inégale, et le commerce aurait à subir les exigences de la voie ferrée désormais affranchie de cette concurrence.

Une faculté qui pourrait conduire à une situation aussi fâcheuse ne pourrait être admise. Le Gouvernement ne saurait voir d'un œil indifférent la ruine complète du cabotage qui rend tous les jours de nombreux services au commerce, qui contribue à former des marins, et qui figure, dans le mouvement des marchandises de notre port, pour un chiffre très-considérable, dans lequel le cabotage à vapeur, seul, est représenté par 80,000 tonnes.

Nous devons donc appuyer l'établissement des tarifs communs kilométriques qui préviendront les regrettables abus que nous venons de signaler.

En résumé, pour tout ce qui tient au service du réseau du Midi entre Cette et Marseille, nous estimons que les engagements pris par la Compagnie de la Méditerranée satisfont complétement à ce que la Compagnie du Midi peut légitimement désirer.

Ce qu'elle peut légitimement désirer, elle l'obtient sans aventurer 50 ou 60 millions, sans aucune dépense, et avec la faculté de régler elle-même les tarifs, les délais et les conditions de parcours sur la ligne de la Méditerranée entre Cette et Marseille.

Le chemin projeté par le littoral est donc inutile, même au point de vue des communications entre Marseille et les régions du sud-ouest.

S'il est inutile, son exécution ne ferait qu'enlever au fonds commun des capitaux, dans lequel puisent toutes les entreprises, une somme très-importante dont se trouveraient privés des travaux véritablement nécessaires, et, sous ce rapport, son établissement serait nuisible non-seulement comme devant infailliblement amener, ainsi que nous venons de le voir, la destruction du cabotage entre Marseille et Cette, mais encore comme faisant obstacle à l'exécution d'autres lignes véritablement utiles que l'intérêt général réclame impérieusement.

La Compagnie du chemin de fer du Midi ne devrait avoir aucune peine à reconnaître qu'en l'état du mouvement commercial actuel, un nouveau chemin entre Marseille et Cette n'est pas indispensable ; mais elle déclare qu'il lui sera impossible d'obtenir pour ce mouvement l'accroissement qu'elle espère lui donner, tant qu'elle n'aura pas son *terminus* à Marseille, *terminus* qui, seul, peut lui permettre de détourner sur son réseau l'immense transit international qui passe par le détroit de Gibraltar.

C'est ainsi qu'elle cherche à justifier son désir d'opérer une pénétration dans le réseau de la Compagnie de la Méditerranée, à laquelle elle annonce devoir faire une concurrence d'autant plus redoutable qu'elle sera obligée d'attirer les marchandises de tous les points de la Méditerranée et de l'Océan par un grand abaissement de tarifs.

Nous croyons qu'il appartient surtout à la Chambre de commerce de Marseille d'apporter à l'enquête quelque lumière sur cette grande question de transit international.

Mais, avant tout, nous devons faire remarquer que la Compagnie du Midi, par suite des engagements que la Compagnie de la Méditerranée prend à son égard, de lui laisser régler comme elle le voudra les tarifs entre Cette et Marseille, a, dès à présent, entre les mains et tout à fait à sa disposition, le moyen d'abaisser les tarifs à son gré et d'attirer ainsi le trafic sur son réseau de la même manière et dans les mêmes conditions qu'elle le ferait si elle avait sa ligne par le littoral.

Quant au transit international de la Méditerranée dans l'Océan, il s'opère dans des conditions telles qu'il n'est pas permis de croire qu'il puisse être détourné sur le chemin de fer de la Compagnie du Midi.

Il faudrait d'abord exclure de ce transit toutes les marchandises qui vont dans un port d'Angleterre, à Corck ou Falmouth, pour être vendues à Londres sur connaissement et être dirigées sur un point quelconque du Royaume-Un ou un port du Continent, compris entre Hambourg et le Havre, là où les prix sont le plus favorables.

Tels sont les céréales de toute espèce, les graines oléagineuses, les chargements complets d'huiles, laines, etc.

Ce mode de procéder est très-avantageux au commerce, et rien ne saurait le remplacer.

Quant aux autres marchandises qui vont de l'Orient sur les marchés anglais, il existe des lignes de bateaux à vapeur entre l'Angleterre et l'Égypte, la Syrie, Smyrne, Constantinople et même Trieste; ces bateaux portent les produits des manufactures anglaises et retournent avec des frets qui varient de 25 à 35 schelings suivant la nature de la marchandise ; ils prennent d'abord toutes les marchandises qui peuvent supporter le prix de 30 à 35 schelings et se complètent ensuite avec des céréales, avec d'autres marchandises quelconques qu'ils prennent même au-dessous du prix de la navigation à voiles ; ces bateaux à vapeur sont obligés d'accepter ces bas prix afin de pouvoir lutter avec la navigation à voiles qui a, sur eux, l'avantage de conduire d'abord ces marchandises aux ports de relâche *pour ordre*, rien ne pouvant remplacer, nous le répétons, pour la bonne vente des blés et des graines oléagineuses, l'expédition à Corck et Falmouth *pour ordre*.

Tel est le mécanisme actuel du transit, et le passage de la marchandise par Marseille et Bordeaux ne pourra jamais offrir les mêmes avantages.

Il faudrait d'abord faire venir la marchandise à Marseille par navires à voiles au prix de 25 à 30 francs par tonneau, et, si on y ajoute les frais de débarquement à Marseille, le transport de Marseille à Bordeaux par chemin de fer, quelque faible que soit le tarif, et enfin le transport de Bordeaux sur un point quelconque de l'Angleterre, il est bien évident que la somme de tous ces frais sera plus élevée que le prix du transport par la navigation directe, par navires à voiles, et même par bateaux à vapeur.

D'ailleurs, le transit à travers la France rendrait l'opération d'une plus longue durée, les vapeurs anglais faisant leur traversée en 15 et 20 jours.

Que, si on faisait venir la marchandise à Marseille par navires à vapeur, il en coûterait aujourd'hui, avec les ressources actuelles, un prix plus élevé que pour aller directement par vapeurs des lieux de production en Angleterre ; et, dans le cas où on établirait des bateaux à vapeur spéciaux dans le but d'amener la marchandise à Marseille, les frets ne pourraient jamais descendre au-dessous des prix actuels de la voile.

Ainsi, il est impossible, à notre avis, de supprimer le détroit de Gibraltar; le transit se bornera toujours à des exceptions, pour quelques parties de marchandises peu importantes, d'ailleurs, et provenant de quelques pays voisins qui n'ont pas à expédier en Angleterre des quantités suffisantes pour faire un chargement.

Traduisant ce qui précède par des chiffres, d'après le prix courant des frets en Égypte du 27 août, apporté par le dernier courrier, nous voyons les prix de transport suivants :

Navires à voiles pour Marseille.

Cotons.........................	F.	6 85 0/0 k.
Graine, chargement plein...........	»	2 50 »
Marchandises lourdes	»	2 50 »
Blés ou fèves.....................	»	2 50 les 160 litres.

Bateaux à vapeur pour Liverpool.

Gomme....	30 schellings le tonneau...	F. 37 50 les 1,015 kil.	
		soit 3 70 les 0/0 kil.	
Coton.....	3/8 la balle.............	F. 8 25	
Lest	6/6 le quarter.		

Le quarter mesurant 238 litres, ce prix donne F. 4 50 pour les 160 litres.

En comparant ces prix, il resterait pour le transit entre Marseille et l'Angleterre ou un port de destination sur l'Océan :

Pour le coton.....................	F.	1 40 0/0 kil.
Pour le blé......................	»	1 60 »
Pour les gommes	»	1 20 »

Ce qui est complétement insuffisant pour faire face à des frais de déchargement à Marseille, de transport par chemin de fer jusqu'à Bordeaux, d'un déchargement et d'embarquement à Bordeaux, et enfin, de fret de Bordeaux en Angleterre, quelque minimes que soient ces frais ou qu'on puisse même les supposer.

Enfin, on devrait encore tenir compte des déchets résultant de ces transbordements et des manutentions de la marchandise que le commerce cherche toujours à éviter.

Dans ses calculs sur le transit international, la Compagnie du Midi fixe à **40** fr. la tonne les frais de transport entre Marseille et Liverpool ou Londres.

Or, nous venons de voir qu'il ne reste, pour représenter cette partie de parcours, que **12** à **16** fr. par tonne !

Il est vrai que la Compagnie du Midi espère pouvoir, si elle y était forcée, réduire ce transport à **32** fr. la tonne, mais le prix de **32** fr. est encore le double de **16** fr.

En présence de chiffres semblables, il n'y a plus à discuter, et on est forcé de reconnaître que le transit international est impossible par le chemin de fer de la Compagnie du Midi, et qu'il ne pourra se réaliser que pour une quantité relativement minime de marchandises déclassées.

Quant au commerce spécial entre Marseille et l'Angleterre, il est très-restreint ; nous savons tous qu'un service de bateaux à vapeur a été organisé, il y a quelques années, entre notre port et le Royaume-Uni, et qu'il n'a pas pu se soutenir.

Les espérances mises en avant au sujet du détournement possible sur le réseau du Midi du transit international, nous paraissent avoir été fondées sur des appréciations qui, faites de trop haut ou de trop loin, peuvent bien se produire dans le domaine des théories, mais à la condition de n'en jamais sortir, car elles ne résisteraient pas, en effet, à l'épreuve de l'application pratique.

Mais, si le transit international ne vient pas augmenter, dans une proportion considérable, le courant commercial, que deviendra la concurrence annoncée, où et sur quoi s'exercera-t-elle ?

Certes, le Gouvernement est bien fixé sur les principes invariables de la Chambre de Marseille, à l'égard de la concurrence et de la liberté commerciale, et nous n'avons pas à faire ici une profession de foi nouvelle en pareille matière.

Mais en vérité, pour la ligne du littoral demandée par la Compagnie du Midi, c'est sans doute faute d'y avoir réfléchi, que l'on parle de concurrence. On paraît raisonner même dans divers documents officiels comme si la ligne projetée devait se trouver en communication avec la ligne de la Compagnie de la Méditerranée sur Lyon et le Nord.

Et cependant il n'en est rien. La ligne projetée se borne à relier, par une nouvelle voie, Marseille et Cette, et ne peut servir uniquement et exclusivement qu'à des communications entre ces deux villes.

La concurrence n'existerait donc que sur le parcours entre Cette et Marseille, c'est-à-dire sur une ligne qui ne prend que **3 1/2 0/0** de notre mouvement général par chemin de fer, et qui a déjà une concurrence efficace dans la navigation maritime. Cette concurrence a même forcé la Compagnie de la Méditerranée à réduire son tarif à 0 fr. 04 c. 2/10. Cependant, cette réduction n'a pu lui procurer que le tiers du transport entre Marseille et Cette.

Dans de si étroites limites, la concurrence ne pourrait produire aucun effet sensible, car, dans tous les cas, les **96 1/2 0/0** de marchandises qui passent sur la ligne principale de la Compagnie de la Méditerranée en seraient complétement affranchies.

Si la concurrence n'existe pas, si ce n'est qu'une apparence, qu'un prétexte, où sont donc les motifs réels qui ont amené une lutte si ardente entre les deux Compagnies et qui ont soulevé de si vifs débats depuis l'embouchure de la Garonne jusqu'à Marseille ?

Nous les chercherions vainement ailleurs que dans la question de principe relative au maintien ou à la violation de l'intégrité des réseaux. La Compagnie du Midi sera-t-elle ou non autorisée à pénéter dans le réseau de la Compagnie de la Méditerranée? Tel est le grand, le seul intérêt qui se trouve au fond du débat.

De la solution que le Gouvernement donnera à cette question pourront naître des conséquences que nous devons apprécier dans l'intérêt général.

Mais de quelle nature d'intérêt général s'agit-il?

Est-ce de l'intérêt général applicable à tout autre chose qu'au besoin que nous avons de développer nos gares et nos lignes ferrées ?

Quelque respectable que puisse être cette sorte d'intérêt général, nous n'avons pas à le comprendre dans l'examen qui nous est demandé.

Encore moins aurons-nous à tenir compte de ces intérêts divers et spéciaux qui

4

se groupent et s'agitent autour de la discussion dans un but auquel la spéculation n'est peut-être pas étrangère.

Le point sur lequel le Gouvernement a voulu s'éclairer, en ordonnant l'enquête, et dont nous ne saurions nous écarter, n'est autre que le développement le plus avantageux et le meilleur à donner à nos communications par le chemin de fer.

Que faut-il à Marseille sous ce rapport? Nous l'avons déjà dit. Il lui faut une seconde sortie vers le Nord, une seconde voie dans cette direction, une nouvelle gare convenablement située.

Or, par qui obtiendrons-nous tout cela?

Sera-ce par la Compagnie du chemin du Midi?

Mais elle ne nous offre qu'une seconde voie sur Cette qui n'a rien de commun avec nos besoins réels, et une seconde gare placée dans des conditions peu favorables. En arrivant sur ses propres rails à Marseille, cette Compagnie ne peut desservir cet immense intérêt que nous avons à nous développer vers le Nord.

Elle n'en a pas même la pensée ; en tout cas, elle ne fait à cet égard aucune offre.

Sera-ce par l'adjudication que nous pourrons obtenir l'exécution des travaux qui nous sont indispensables? — Une pareille idée n'a pu être sérieusement mise en avant. — Quelle est la Compagnie, en effet, qui voudrait se rendre adjudicataire d'une gare ou de tronçons de ligne enserrés dans un réseau qui lui serait étranger?

Ce n'est donc que par la Compagnie de la Méditerranée que nous pouvons obtenir les améliorations désirées. Il n'y a pas d'autre solution possible.

Or, la Compagnie de la Méditerranée déclare qu'elle ne prend les engagements que vous connaissez qu'à la condition que la Compagnie du Midi ne sera pas autorisée à pénétrer dans son réseau.

Si cette pénétration est autorisée, la Compagnie de la Méditerranée retirerait ses propositions.

Nous serions peu touchés de cette déclaration de la Compagnie de la Méditerranée, si elle était même l'expression d'un défaut de bonne volonté, car il ne s'agit pas de savoir si elle voudra, mais bien si elle pourra, et surtout quand et comment elle pourra. Or, nous sommes pleinement convaincus qu'une pénétration de la Compagnie du Midi dans le réseau de la Méditerrannée, si elle n'avait pas pour effet d'ébranler le crédit de celle-ci, amènerait tout au moins une diminution notable dans l'empressement des capitaux à se porter vers ses entreprises.

Il en résulterait que la Compagnie de la Méditerrannée deviendrait moins forte pour exécuter, d'une part, les travaux auxquels elle est déjà obligée, qui s'élèvent à environ un milliard, et d'autre part, ceux des lignes qu'elle propose aujourd'hui, dont l'importance dépasse 180 millions.

Jusqu'à ce jour, le Gouvernement, sans aliéner aucun de ses droits, a cependant assigné à chaque Compagnie des portions distinctes de territoire, afin d'éviter la concurrence directe entre elles.

Ce système a-t-il été bon ou a-t-il été nuisible ?

L'exemple de l'Angleterre nous fournit une réponse péremptoire.

La liberté la plus illimitée a été laissée en Angleterre à quiconque a voulu établir un chemin de fer. Plusieurs lignes parallèles ont été établies entre les villes les plus importantes. Il en est résulté d'abord une lutte et, par conséquent, des tarifs excessivement réduits, puis, l'absorption des chemins rivaux par le plus puissant, la surélévation des tarifs à un taux bien supérieur à celui des tarifs français, et, enfin, un rendement très-minime, malgré ces tarifs élevés, à cause du capital énorme représenté par les prix cumulés de tous les chemins en concurrence.

Nous ne citerons à cet égard, qu'un seul fait :

Dans la dernière assemblée générale des actionnaires de l'un des chemins de fer les plus importants de l'Angleterre, le *Great Western*, les directeurs ont annoncé, au nom du Conseil, qu'il serait distribué, pour le dernier semestre écoulé, un quart pour cent, tenant lieu tout à la fois d'intérêt et de dividende. Cette annonce a produit une très-vive impression sur l'assemblée, qui a protesté contre le Conseil et les directeurs, et les a accusés de vouloir distribuer un dividende fictif et non réellement acquis !...

Les choses en sont venues au point, en Angleterre, que les capitaux, découragés, ont complétement déserté les entreprises de lignes complémentaires des réseaux.

Le système français a laissé au contraire aux Compagnies des bénéfices suffisants pour leur doner le moyen d'exécuter des lignes improductives, que le Gouvernement peut leur imposer, et surtout pour leur permettre d'abaisser leurs tarifs. La Compagnie de la Méditerranée est une des plus prospères en France, et c'est aussi celle qui a les tarifs les moins élevés.

Nous pouvons citer pour exemple les prix comparatifs de la Compagnie de la Méditerranée et de la Compagnie du chemin du Midi pour le trafic du Languedoc.

Les marchandises de Marseille pour le Languedoc jusqu'à Bordeaux prennent le chemin de la Méditerranée et celui du Midi ; elles sont, par conséquent, tarifées par les deux Compagnies. Or, la Compagnie de la Méditerranée a établi, sur la ligne de Marseille à Cette, un tarif spécial pour les blés, le brai, le chanvre, le chlorure et les produits chimiques, le soufre, les grenailles, les huiles, le plomb, le sainfoin, le salpêtre, les savons, le sel, la soude, etc., à raison de 0 fr. 04 cent. 2/10 par tonne et par kilomètre de Marseille à Cette.

Ces mêmes marchandises, arrivant de Marseille à Cette, sont taxées par la Compagnie du Midi à raison de :

0 fr. 08 cent. 2/10 à 0 fr. 10 cent. 2/10, pour Narbonne ;
0 fr. 06 cent. 8/10 à 0 fr. 09 cent. 4/10, pour Toulouse,
0 fr. 05 cent. 6/10 à 0 fr. 07 cent. 1/10, pour Bordeanx.

De sorte que la Compagnie de la Méditerranée, sur le parcours lui afférant, pour les transports de Marseille à destination du Languedoc, traite, en définitive, à des conditions qui présentent, sur les tarifs du chemin de fer du Midi, pour un trajet équivalent, une différence en moins variant de 25 à 50 0/0.

Voilà pour l'exportation de Marseille vers l'Ouest.

La situation est la même pour la marchandise venant de l'Ouest vers Marseille en se dirigeant vers le Nord. Ainsi, les vins, ce grand produit du Languedoc, qui viennent prendre à Cette le réseau de la Méditerrannée pour se diriger, soit vers Marseille, Toulon, etc., soit vers le Nord, Paris et autres localités, sont taxés par la Méditerranée à 0 fr. 05 cent. par tonne et par kilomètre, alors que le Midi les a transportés à Cette aux prix suivants :

0 fr. 06 cent. 7/10 de la Nouvelle à Cette,
0 fr. 08 cent. 1/10 de Salase à Cette,

0 fr. 09 cent. 7/10 de Narbonne à Cette,
0 fr. 10 cent.   de Rivesaltes à Cette,
0 fr. 11 cent.   de Béziers à Cette.

Vous reconnaîtrez, Messieurs, avec votre Commission, que cette modération dans les tarifs, qui s'applique non-seulement au trafic du Languedoc, mais encore à celui de tout le réseau de la Compagnie de la Méditerranée, est dû principalement à la prospérité de cette Compagnie. Pourquoi n'ajouterions-nous pas que ce résultat est dû aussi aux instances que notre Chambre, gardienne des intérêts qui lui sont confiés, n'a jamais cessé de faire en toute occasion, tant auprès de la Compagnie qu'auprès du Gouvernement, sur l'importante question de l'abaissement des tarifs.

Si, maintenant, il fallait sortir du système de la séparation des réseaux, qui a servi de base à toutes les Compagnies de chemin de fer, on comprend qu'il en résulterait une grave perturbation, et notamment que les Compagnies qui, sur la foi de l'état des choses existant, ont pris à leur charge des lignes nouvelles, se trouveraient moins en mesure de les exécuter, et seraient parfaitement fondées dans leurs refus d'accepter de nouveaux engagements.

Le Gouvernement lui-même ne pourrait mettre en demeure la Compagnie de la Méditerranée d'exécuter de nouvelles lignes qu'après l'achèvement ou l'avancement à un certain degré de celles qu'il lui a récemment imposées, et de cela seul il résulterait tout au moins un ajournement de plusieurs années dans l'exécution de travaux qui sont pour nous d'une si haute utilité.

Cet ajournement de six, huit, peut-être dix ans, serait un très-grave inconvénient pour les intérêts du commerce. Un retard de dix ans, par exemple, dans des améliorations aussi nécessaires et aussi urgentes deviendrait véritablement fatal.

Dix ans sont pour Marseille ce qu'un siècle serait pour d'autres ports.

Il n'y a donc pas à hésiter : il faut obtenir l'exécution immédiate des propositions de la Méditerranée, qui nous seront bien autrement profitbales que la seconde voie sur Cette, offerte par la Compagnie du Midi.

Nous avons déjà dit que, par la division des réseaux, le Gouvernement n'a aliéné aucun de ses droits; mais pour faire brèche à ce système, il faut deux choses : la première, qu'il s'agisse d'une ligne rendue nécessaire par l'intérêt général ; la seconde, que la Compagnie, dans le réseau de laquelle la ligne nouvelle doit être établie, se refuse à l'exécuter ou à donner satisfaction à cet intérêt par tout autre moyen équivalent.

Nous ne nous trouvons dans aucune de ces conditions. Nous avons indiqué ce qu'il y avait de légitime, au point de vue de l'intérêt général, dans les propositions de la Compagnie du Midi.

La Compagnie de la Méditerranée y donne satisfaction par les engagements qu'elle prend relativement au service de Marseille à Cette et au réseau du Midi.

Autoriser dans ces circonstances une ligne nouvelle de Marseille à Cette, qui impliquerait la pénétration de la Compagnie du Midi dans le réseau de la Méditerranée, serait donc une superfétation dangereuse.

Nous le répétons encore une fois : que la considération des réseaux disparaisse devant l'intérêt général, rien de plus juste ; mais, en dehors de cette condition, la division entre les Compagnies doit être respectée même dans l'intérêt général.

Si des raisons tirées de l'intérêt public nous font exclure la concurrence des chemins de fer entre eux, nous réclamons avec instance l'amélioration des concurrences naturelles par la navigation des fleuves et canaux.

Il suffit de jeter un coup d'œil sur la carte du Sud de la France pour y voir, dans la direction de Bordeaux, cette magnifique ligne de canaux due à la sagesse des générations précédentes, qui relient la Méditerranée à l'Océan et que la spéculation a naguère frappés d'interdit. Du côté de Lyon, nous voyons un beau fleuve entièrement parallèle à la voie ferrée. Voilà les concurrents naturels de nos chemins de fer aboutissant à la Méditerranée.

Nous ne saurions donc trop insister auprès du Gouvernement pour que les tarifs des canaux du Midi, s'il ne peuvent pas être entièrement supprimés, soient du moins ramenés à un taux qui constitue une concurrence réelle avec le chemin de fer qui leur est latéral.

Il est impossible de tolérer plus longtemps que la voie d'eau soit plus coûteuse que le chemin de fer lui-même.

D'un autre côté le Rhône est appelé à rendre de très-grands services au commerce et à l'industrie ; sans doute la navigation sur ce fleuve a notablement diminué depuis l'établissement du chemin de fer de Marseille à Lyon, par suite des tarifs réduits de la voie ferrée.

Il n'en a pas été ici comme pour les canaux du Midi, dont les tarifs sont devenus, au contraire, très-supérieurs à ce qu'ils étaient avant la création du chemin de fer du Midi. Le chemin de Lyon à la Méditerranée a, dès l'origine et constamment, fait jouir le commerce d'une diminution de 20 à 25 0/0 sur les anciens prix de la navigation à vapeur du Rhône. Et cependant le fleuve lutte avec une remarquable énergie et il n'attend que les améliorations qui lui sont indispensables pour reprendre en grande partie son ancienne activité.

La Chambre n'ignore point que la sollicitude du Gouvernement s'est déjà portée sur cette question, que les études sont sinon achevées, du moins très-avancées ; elle serait même autorisée à croire, si les renseignements qui lui sont parvenus sont exacts, qu'on pourrait obtenir, avec une dépense relativement peu considérable, le tirant d'eau nécessaire à la navigation, non-seulement dans tout le parcours du fleuve, mais encore sur la barre de son embouchure.

La Chambre recommande vivement à toute la bienveillance du Gouvernement l'exécution des ouvrages destinés à assurer une navigation libre et sûre sur le Rhône, de Lyon à la Méditerranée. Ce sera là, pour l'intérêt général, une concurrence bien autrement utile et bien autrement profitable que la concurrence illusoire proposée par la Compagnie du Midi contre la Compagnie de la Méditerranée.

Ces considérations nous paraissent suffisantes pour écarter les propositions de la Compagnie du Midi. Si nous entrions dans le détail des conditions du tracé de la ligne projetée par le littoral, nous trouverions un nouveau motif de lui refuser notre adhésion.

Nous ne signalerons qu'en passant que cette ligne s'établirait, pour la plus grande partie de son parcours, dans un pays insalubre, presque inhabité, et dans lequel on ne peut pas espérer de pouvoir porter la vie du commerce et de l'industrie.

Il s'y trouve, il est vrai, quelques salines importantes, mais qui seront, à notre avis, aussi bien desservies par l'embranchement d'Arles à Lunel, qui traversera la partie supérieure de la Camargue, et surtout par la parfaite navigabilité du Rhône.

En effet, les débouchés du sel ne peuvent trouver un développement à Marseille que par l'exportation, et il y aura toujours plus d'économie, pour une marchandise aussi pauvre, à user de la voie maritime qui la conduit, sans aucun transbordement, au navire même qui doit la recevoir pour l'exporter.

Aigues-Mortes, Bouc et Martigues sont les seules localités qui pourraient profiter de la nouvelle ligne; mais par les propositions de la Méditerranée, Aigues-Mortes se trouvera relié à la ligne principale par un embranchement sur Lunel, et la ville des Martigues, ainsi que le port de Bouc, nous paraissent devoir être desservis dans les meilleures conditions par l'embranchement partant du Pas-des-Lanciers.

Les autres questions soulevées par le tracé projeté n'entrent point dans notre compétence.

Mais il en est une qui intéresse au plus haut degré le commerce, et sur laquelle nous insisterons de toutes nos forces ; nous voulons parler du viaduc sur le Rhône, du chemin de fer projeté par le littoral, qui intercepterait presque complétement toute navigation maritime dans le bas du fleuve.

Quand vous avez interpellé sur un point aussi essentiel M. le directeur de la Compagnie du Midi, il y a répondu en vous citant de nombreux exemples de ponts tournants sur des canaux et sur des voies fluviales qui ne font point obstacle à la libre circulation du chemin de fer d'une part et des bateaux de l'autre ; mais il n'a pu vous en apporter aucun dans lequel on voit des navires traversant sous voile, et par tous les temps, une arche du viaduc ouverte ; c'est là une de ces impossibilités qu'il suffit d'énoncer et qui n'a pas besoin de démonstration.

Or, il est très-important pour le commerce que la navigation maritime ne soit pas interceptée à la Tour-Saint-Louis.

Le Rhône doit aboutir sans embarras, sans obstacle d'aucune sorte, jusqu'à la mer. C'est là une des conditions nécessaires pour que ce fleuve rende les services que le commerce en attend.

Le Gouvernement doit donc se garder comme d'une chose essentiellement nuisible à l'intérêt public d'autoriser la création d'un obstacle semblable sur la seule grande voie fluviale du Midi, qui forme la véritable, la seule concurrence de notre principal chemin de fer.

Sous ce rapport, nous devons encore repousser énergiquement le projet du chemin par le littoral de la Compagnie du Midi.

En ce qui concerne la ligne de Lunel à Milhau par le Vigan, votre Commission est d'avis qu'elle est autant d'utilité générale que celle de Montpellier à Milhau par Saint-Affrique, et qu'il y a lieu, par conséquent, de les concéder, la première, à la Compagnie de la Méditerranée ; la seconde, à la Compagnie du Midi, en autorisant la Compagnie d'Orléans à prolonger son réseau de Rodez à Milhau.

Dans ces deux lignes projetées le commerce de Marseille trouvera des avantages divers.

Le plus considérable est celui que lui procurera la ligne par le Vigan, qui deviendra pour lui une seconde voie sur Bordeaux.

La ligne de Montpellier à Milhau par Saint-Affrique, desservant aussi des centres de populations très-intéressants, réduira de 30 à 32 kilomètres le parcours des houilles des mines de Graissessac à Marseille.

Nous sommes portés à croire qu'on a exagéré l'importance de ces mines, car elles sont reliées depuis plusieurs années à la ligne principale de la Compagnie du Midi, et à peu près directement sur Cette ; il semblerait donc que, profitant d'un débouché direct sur la Méditerranée, la houille de Graissessac aurait dû éloigner du marché de Cette, qui lui paraissait exclusivement réservé, toutes les autres houilles provenant de différents lieux de production.

Et, cependant, d'après les relevés qui ont été faits, il n'est arrivé de Graissessac à Cette, dans le courant de l'année 1861, que la quantité de 5,000 tonnes, tandis que les Compagnies des mines du Gard y ont envoyé des quantités quatre ou cinq fois plus considérables.

Nous ne cromprenons pas dans ce chiffre de 5,000 tonnes les charbons achetés sur les mines par l'État, qui se charge lui-même des transports des mines au lieu de destination.

Si donc les mines de Graissessac, pouvant depuis trois ans arriver par chemin de fer à Cette, n'ont fourni à la consommation de ce port qu'une quantité très-réduite, on comprendra facilement qu'elles ne puissent faire parvenir que très-exceptionnellement leurs produits à Marseille et à Toulon.

A quoi cela tient-il ? Votre Commission n'est pas en mesure de le dire ; mais vous partagerez son étonnement en apprenant que la Compagnie du Midi, qui paraît accorder aux mines de Graissessac une grande bienveillance, fait payer à ses houilles, sur son réseau, 0 fr. 07 c. par tonne et par kilomètre, tandis que la Compagnie de la Méditerranée les transporte de Cette à Marseille presque à moitié prix, c'est-à-dire à 4 centimes 1/10 par tonne et par kilomètre.

Vous penserez, Messieurs, avec votre Commission, que si la Compagnie du Midi exige un tarif aussi élevé sur un semblable produit, c'est qu'elle a, à peu près, la certitude qu'elle n'obtiendrait pas de ce côté une augmentation d'aliments par l'abaissement de son tarif.

Cette réflexion nous paraît une réponse suffisante à ce qui a été dit sur l'immense développement prochain des mines de Graissessac, au moyen des abaissements de tarif.

D'ailleurs, nous avons déjà vu que, par les engagements que prend la Compagnie de la Méditerranée, la Compagnie du Midi peut réaliser tous les abaissements de tarif qu'elle voudra, que toutes les marchandises seraient appelées à en profiter, et que les houilles de Graissessac, par conséquent, ne payeraient pas un centime de plus de transport de Cette à Marseille que par la ligne du littoral.

Quoi qu'il en soit, au moyen de la ligne de Montpellier à Milhau par Saint-Affrique, les houilles de Graissessac obtiendront une réduction, sur leur parcours jusqu'à Montpellier, de 30 à 32 kilomètres, qui sera toujours un résultat utile.

Le désir de donner un accroissement légitime aux mines de Graissessac n'a pas empêché votre Commission de voir ce qui se passe à nos portes. Il existe dans notre département des mines de charbon qui sont dignes aussi d'intérêt, et dont le développement est arrêté par des frais de transport qui s'élèvent au taux véritablement exorbitant de 25 centimes par tonne et par kilomètre.

Les mines de lignite de Fuveau fournissent depuis très-longtemps 120,000 tonnes de charbon au commerce et à l'industrie (dont 40,000 trouvent leur emploi dans la navigation à vapeur).

La production de ces mines est le double de la production des mines de Graissessac, et elles n'attendent que d'être reliées au chemin de fer de Toulon pour augmenter considérablement leurs extractions.

Votre Commission a pensé, à cet égard, qu'il y a utilité générale à desservir ces mines par l'embranchement d'Aubagne à Valdone, qui pourra, plus tard, mettre Marseille en communication avec le centre du département du Var.

Les considérations qui précèdent, et dans lesquelles nous avons examiné toutes les questions qui se rattachent aux propositions de la Compagnie du Midi et de la Compagnie de la Méditerranée, ont produit, dans l'esprit de tous les membres de votre Commission, la conviction la plus entière en faveur des propositions de la Compagnie de la Méditerranée.

Cette conviction a été surtout déterminée par ce fait : que l'on trouve dans les propositions de la Méditerranée non-seulement la réalisation complète des avantages offerts par la Compagnie du Midi, mais encore ceux, bien autrement considérables, qui résultent des gares et voies nouvelles que la Compagnie de la Méditerranée s'engage à établir.

En conséquence, votre Commission conclut à ce que la Chambre de Commerce de Marseille demande que le Gouvernement concède à la Compagnie de la Méditerranée, qui offre de les exécuter sans subvention :

1° Une ligne de Lunel à Arles ;

2° Un embranchement du Pas-des-Lanciers sur Martigues et Bouc ;

3° Une ligne se dirigeant le plus directement possible de Marseille sur Avignon par Aix et les Milles ;

4° Une gare des marchandises à l'Estaque avec une ligne de raccordement sur les ports de Marseille ;

5° Une gare au sud de Marseille servant de tête de ligne sur Toulon et sur Nice ;

6° La ligne de Lunel au Vigan ;

Et avec subvention ,

7° La Ligne du Vigan sur Milhau.

Tous ces travaux devront être exécutés en trois années.

Votre Commission demande de plus :

Que la Compagnie de la Méditerranée exécute dans le plus bref délai possible l'embranchement d'Aubagne à Valdone.

Enfin, votre Commission vous propose de demander au Gouvernement, d'une part, sinon l'abolition, du moins une notable diminution sur les tarifs du canal du Midi et du canal latéral à la Garonne, et, de l'autre, qu'il soit pris des mesures immédiates et efficaces pour donner au Rhône, sur tout son parcours et même sur sa barre, au plus bas étiage, le tirant d'eau suffisant pour la navigation.

Ce rapport entendu, la Chambre l'adopte à l'unanimité, dans toute sa teneur, et le convertit en délibération.

Conseil municipal d'Aix.

1ᵉʳ Septembre 1862.

Étaient présents :

M. RIGAUD, Maire d'Aix, Député au Corps Législatif, Officier de la Légion d'Honneur, Président ;

MM. PONS, DE GARIDEL, DE FORTIS, AGARD, Ch. DE RIBBE, FERAUD-GIRAUD, BERAUD, CASTELLAN, TASSY, LYON, GUILHEAUME, DE PHILIP, DE TOURNADRE et HENRICY.

M. le Maire fait connaître que le but de la réunion est d'entendre le Rapport de la Commission chargée par le Conseil de formuler les observations à présenter dans l'enquête ouverte au sujet des propositions faites par la Compagnie du Midi et celle de Paris à Lyon et à la Méditerranée.

M. Ch. DE RIBBE, rapporteur de cette Commission, s'exprime en ces termes :

MESSIEURS,

Le 26 mai dernier, le Conseil municipal d'Aix prenait une initiative qui a été féconde, et nous lui devons aujourd'hui d'avoir non plus simplement à exprimer un vœu, mais à formuler notre avis sur des propositions de la plus haute valeur.

Qu'avons-nous demandé et qu'avons-nous obtenu?

Nous avons sollicité du Gouvernement qu'il voulût bien faire étudier, par les ingénieurs de l'Etat, le tracé *le plus direct possible* entre Aix et Marseille. Nous avions montré, comme attachés à l'exécution de ce chemin de fer, l'intérêt général exigeant une seconde sortie de Marseille en dehors du souterrain de la Nerthe, l'intérêt des Alpes et de toute la zone du Sud-Est, celui de notre ville. Trois mois se sont à peine écoulés; et, le 20 août, un arrêté de M. le Sénateur chargé de l'administration du département des Bouches-du-Rhône mettait à l'enquête, avec les propositions de la Compagnie du Midi, celles de la Compagnie de la Méditerranée, parmi lesquelles se trouve la *construction d'une ligne directe entre Marseille et Aix.*

Tels ont été, Messieurs, les fruits de notre opportune initiative; et le mouvement significatif d'opinion dont elle a été le point de départ dans la zone du Sud-Est, atteste combien notre vœu, dicté par l'intelligence de la situation, répondait aux vœux du pays. La Compagnie de la Méditerranée qui, plus que personne, devait en apprécier la portée, l'a très-bien compris et senti. Les études que nous demandions au Gouvernement, elle s'est empressée de les faire elle-même. Deux tracés directs sur Marseille étaient indiqués par la configuration topographique, par les convenances locales; elle nous les présente aujourd'hui, avec le tracé de Fuveau, en s'obligeant à exécuter celui que voudra le Gouvernement.

Mais la question de notre chemin de fer ne se sépare pas, pour le moment, de la question générale, du grand litige qui se pose dans l'enquête et devant l'opinion. Dans toute autre circonstance, elle serait indépendante; sa solution se poursuivrait sans bruit, sans éclat, en gardant ses seuls et vrais caractères. En l'état, elle est liée par la force des choses à un ardent conflit. Nous n'avons pas créé ce conflit, et notre rôle est de ne nous y engager que dans les limites de notre intérêt; mais la neutralité nous est impossible. M. le Ministre de l'agriculture, du commerce et des travaux publics, dans sa dépêche du 4 août, a prescrit de soumettre simultanément les propositions de la Compagnie du Midi et celles de la Compagnie de la Méditerranée à une enquête *comparative.* Il ne s'agit donc pas seulement d'examiner les propositions en elles-mêmes, il s'agit de les comparer et de mettre en présence leurs plus ou moins sérieux avantages. La Commission d'enquête donnera d'abord son avis, puis le Gouvernement prononcera dans le sens le plus conforme à l'intérêt général.

Nous ne saurions donc nous dispenser de voir en premier lieu où est l'intérêt général; nous arriverons ensuite à l'intérêt régional et local, et à l'examen des tracés.

Votre Commission, Messieurs, a traité et discuté ces graves sujets avec toute la réflexion qu'ils exigent, avec ce sentiment des devoirs publics qui naît même des circonstances. Présidée par M. le Maire et aidée de ses lumières, elle vous apporte, par l'organe d'un trop insuffisant Rapporteur, ses conclusions motivées.

Premier aperçu de la question.

Les offres de la Compagnie du Midi se résument, ou à peu près, dans la ligne directe de Cette à Marseille par le littoral.

Celles de la Compagnie de la Méditerranée embrassent à la fois une ligne de Lunel à Arles par Saint-Gilles, créant un raccourci *équivalent* à celui de la ligne littorale ; un chemin de fer direct de Marseille à Aix, avec une nouvelle gare des voyageurs dans la partie sud, non encore desservie, de la ville de Marseille ; un embranchement de la station de l'Estaque aux nouveaux ports, avec une gare de marchandises ; une ligne de la station du Pas-de-Lanciers à Martigues et à Port-de-Bouc....

Tels sont, Messieurs, les projets sur lesquels vont porter les enquêtes comparatives.

Eh bien ! admettons un moment que nous sommes dans des circonstances normales, que la passion et l'engouement ne se soient pas mêlés d'une affaire où il y a lieu de chercher, avant tout, par dessus tout, l'intérêt général du pays.

Nous le demandons : en présence de ces projets mis en parallèle, y aurait-il-eu un doute ? L'idée même d'établir ce parallèle aurait-elle semblé raisonnable ? Là où la disproportion est énorme, on ne saurait comparer. Or, c'est peu que d'avoir aujourd'hui à comparer ; on veut que le pays fixe son choix et avec exclusion. Entre les projets de la Compagnie du Midi et ceux de la Compagnie de la Méditerranée, point de moyen terme ; il y a lutte et lutte à outrance, absolument comme si l'énorme disproportion signalée, et qui saute aux yeux, n'existait pas.

Pour que la ligne de Cette par le littoral puisse, à elle seule, équilibrer dans la pensée de ses défenseurs toutes les lignes nouvelles que propose la Compagnie de la Méditerranée, toutes les créations les plus utiles et les plus nécessaires, soit aux besoins du commerce, soit à l'avenir de la zone du Sud-Est, il faut supposer évidemment bien des choses ; il faut croire qu'elle promet des bienfaits immenses et qu'*elle seule* peut les promettre ; il faut qu'elle soit d'un mérite et d'une facilité d'exécution peu ordinaires, et, disons le mot, qu'elle offre, en quelque sorte, un véritable pont d'or aux populations.

En est-il ainsi ?

Ligne littorale de Cette à Marseille.

Ligne de Lunel à Arles, dans l'intérieur des terres.

Nous ne voulons pas traiter le détail des points en litige entre les deux Compagnies. Nous nous bornons, dans l'intérêt général, pour la cause du Sud-Est et pour la nôtre, à marquer ce qui domine la lutte, ce qui, malgré la confusion apparente des esprits, est au fond de la conscience publique, jugeant froidement les faits.

Nous voyons, d'un côté, la ligne littorale de Cette à Marseille; de l'autre, celle de Lunel à Arles. Là on nous l'assure, est le nœud de la question. Le reste, tout ce que la Compagnie de la Méditerranée propose, promet et *garantit* à Marseille, et par cela même à la France entière, où Marseille a un si grand rôle commercial, tout cela n'est rien. Eh bien! soit.

De quoi s'agit-il? Sur quelle argumentation puissante fonde-t-on la nécessité de la fameuse ligne littorale, à l'exclusion de l'autre?

On dit que les communications entre Marseille et Bordeaux sont insuffisantes, trop peu directes, qu'à la longueur du tracé actuel se joignent les inconvénients de deux temps d'arrêt pour les voyageurs, de deux ruptures de charge pour les marchandises.

On dit qu'il importe de relier les deux grands ports de l'Océan et de la Méditerranée par une ligne qui, entre les mains d'une seule Compagnie maîtresse des tarifs, créerait l'unité de direction, multiplierait le trafic, et répandrait autour d'elle les bienfaits de la concurrence. L'argument tiré de la concurrence est un de ceux sur lesquels on compte le plus, auprès du peuple, de toute la partie du public qui se plaint du monopole et ne se demande pas où il est. Deux Compagnies, se disputant le trafic de Marseille, réduiront forcément leurs tarifs, etc., etc.

On estime que la conquête de tels biens vaut soixante-dix millions.

Voilà, dégagés de toute amplification, le système de la Compagnie du Midi et son effet de mirage.

Voici la réponse de la Compagnie de la Méditerranée, avec laquelle on est dans le vrai et dans la justice.

Quel est le but à atteindre? Rendre les communications entre Marseille et Bordeaux plus promptes, plus faciles, plus économiques. Mais la ligne de Lunel à Arles suffit à réaliser pleinement ce but, avec une presque égalité de raccourci. Il n'est pas nécessaire pour cela de léser des intérêts sacrés, d'enlever à la Compagnie de la Méditerranée un trafic lui appartenant sur la foi des contrats, d'ébranler la loi de 1857, véritable charte constitutive du crédit des chemins de fer et seul moyen de hâter l'achèvement des réseaux.

On se plaint de l'embarras des transbordements, des ruptures de charge. On désire la concurrence en vue d'une diminution des tarifs.

Là-dessus encore, une réponse coupe court à toute difficulté. — *Dès à présent, et sans attendre la concession des nouvelles lignes,* la Compagnie de la Méditerranée s'engage à accepter, pour le trafic entre le réseau du Midi et Marseille (voyageurs et marchandises), les tarifs *communs* réglés par la Compagnie du Midi *exclusivement,* ainsi que les délais et conditions qu'elle aura stipulés pour elle-même.

Elle se soumet, de plus, à réduire à 160 kilomètres (longueur du tracé par le littoral) la distance tarifée entre Cette et Marseille.

Enfin, et pour le moment où la Compagnie du Midi aura posé sa seconde voie, elle se déclare prête à établir des trains de voyageurs à la vitesse qui sera réglée par la Compagnie du Midi sur sa propre ligne, sans transbordement ni interruption d'aucune sorte.

Elle admettra également le parcours réciproque des wagons d'une extrémité à l'autre des deux lignes sans rupture de charge à Cette, ni ailleurs.

La Compagnie du Midi ne donnera ce qu'elle promet que dans trois ans, si à cette époque elle a réussi à construire son chemin de fer ; la Compagnie de la Méditerranée le donne tout de suite, et son directeur, M. Talabot, s'est engagé, devant le Conseil général des Bouches-du-Rhône, à exécuter aussi dans trois ans tous ses projets.

Que pourrait-on vouloir de plus ? Qu'apporterait de plus la concurrence ?

La concurrence ! on la demanderait par et avec la Compagnie du Midi, qui, s'étant emparée des canaux du Languedoc, possède et veut agrandir le plus écrasant des monopoles. Car on sait que les tarifs sur ces canaux sont élevés, par rapport à ceux du chemin de fer, au point que la tonne de marchandise, pouvant être transportée de Marseille à Bordeaux au prix de 9 francs, l'est au prix de 27.

La concurrence ! on l'attendrait de la Compagnie du Midi, qui, après avoir tué les canaux, tuera fatalement la navigation avec l'inscription maritime. Il ne faut pas même se poser la question de savoir ce que deviendra le cabotage de Cette.

6

La concurrence par un second chemin de fer! Mais, pour qu'elle fût matériellement possible, il serait tout au moins nécessaire que les deux voies fussent pour ainsi dire parallèles, suivissent la même direction. Quelle concurrence y aura-t-il entre la ligne du Nord et celle du Sud-Ouest?

Non, ce mirage de la concurrence, avec lequel on s'efforce d'éblouir les masses, ne saurait tenir devant le plus simple examen. Il y a lieu plutôt de craindre la combinaison de tous les monopoles. On espère un abaissement des tarifs, dont, en fin de compte, bénéficierait le commerce. Mais, là encore, parviendra-t-on à faire oublier que les tarifs sont fixés avec l'intervention du Gouvernement, et que celui-ci les règle en modérateur? Une observation très-naturelle n'échappera du reste à personne : on va dépenser *soixante-dix millions* à construire la ligne littorale. Comment abaisser les tarifs et rémunérer le capital? La ligne de Lunel à Arles ne coûtera que *douze millions*, et la Compagnie de la Méditerranée aurait des tarifs plus élevés que ceux de la Compagnie du Midi!!

Cette fameuse ligne littorale, loin d'être nécessaire, n'est donc pas même utile. Elle serait, à un autre point de vue, contraire aux intérêts du pays, coûteuse, ruineuse, et souvent impraticable.

Un chemin de fer doit être établi de façon à être profitable à tous, spécialement quand on peut, à moindres frais, concilier les intérêts généraux et les intérêts régionaux. C'est un des premiers principes de justice distributive, d'administration économique. On veut abréger les distances entre Cette et Marseille. Faut-il donc pour cela n'avoir en vue que quelques grands centres et sacrifier les villes intermédiaires? L'embranchement de Lunel à Arles desservira Bordeaux et Marseille, et aussi des territoires peuplés, couverts de magnifiques vignobles, les parties élevées et productives de la Camargue. Il facilitera de plus les relations du bas Languedoc avec les villes d'Arles, d'Aix et le département du Var. La ligne littorale ne traversera que des déserts, sans sol cultivable, sans habitants. Ajoutons qu'elle nous serait très-préjudiciable, en nous isolant d'une partie de l'arrondissement d'Aix, en grevant le transport des bestiaux du haut Languedoc, qui alimentent pour des quantités considérables notre marché. A ce point de vue, la ville d'Aix ne saurait lui être trop hostile.

Intéressés, comme citoyens de la grande patrie française, à empêcher les mauvaises applications des capitaux et des épargnes, nous devons aller jusqu'au bout de nos justes reproches adressés à cette ligne. Il est des faits patents, évidents au vu et au su de tous, et contre lesquels rien ne saurait prévaloir, là où la conscience publique sera libre dans ses jugements. Certes, nous ne doutons pas de la science des ingénieurs; elle a cependant des bornes, et elle ne changera pas la nature.

Est-il possible de concevoir un chemin de fer s'établissant sur une succession non interrompue de marais, dans des terrains à peine solides et presque partout submersibles, au delta du Rhône; un chemin de fer voué à une notoire insalubrité par les influences morbides et souvent si promptes des exhalaisons paludéennes? Déjà les voyageurs se plaignent de ces exhalaisons pour les trajets de nuit, sur la ligne d'Agde. Que sera-ce quand des malades, des valétudinaires, des infirmes, auront à les supporter de Cette à Marseille? Et quel insouci a-t-on de la santé des nombreux employés et ouvriers fixés sur les lieux? La fièvre intermittente est en permanence dans ces régions, et il n'est presque pas de familles où elle ne sévisse.

Il est à craindre, et ceci est plus grave encore, que sur bien des points les eaux du Rhône ne coupent les chaussées à chaque inondation périodique. Nous n'insistons pas sur le dommage causé à la navigation par la construction d'un très-grand viaduc sur le fleuve, au plus près de son embouchure.

Et pourquoi violenter ainsi la nature? Pourquoi tant d'ouvrages d'art et tant de risques à courir? Pourquoi dépenser soixante-dix millions, quand on peut, en atteignant le même but, et beaucoup mieux, et d'une manière plus conforme aux intérêts des populations, n'en dépenser que douze? Cinq autres millions suffiraient pour l'embranchement du Pas-des-Lanciers à Martigues et à Port-de-Bouc, que la Compagnie de la Méditerranée propose; et nous ne comprendrons jamais comment la ville de Martigues n'aime pas mieux être reliée à Marseille et au Nord, tout à la fois, qu'avec Marseille seulement.

Il nous sera permis maintenant de faire entrer en ligne de compte les avantages et améliorations inappréciables offerts à la ville de Marseille et au commerce français:

L'agrandissement de la gare de l'Estaque reliée aux nouveaux ports par un chemin de fer particulier, et dégageant les gares actuelles de Saint-Charles et son annexe maritime de la Joliette pour le service des marchandises;

L'établissement d'une gare nécessaire aux quartiers méridionaux de Marseille, elle aussi reliée à la gare principale par un embranchement particulier, sorte de chemin de fer de ceinture;

Le tracé direct de Marseille à Aix, premier tronçon de la ligne des Alpes, voie auxiliaire sur Avignon par Aix et la vallée de la Durance.

Tout cela, qu'on nous permette une expression un peu mercantile, est en surplus de la ligne de Lunel à Arles équivalente à la ligne littorale; et tout cela on ne l'estimerait pour rien!! Ce n'est vraiment pas possible.

Nous sommes tout d'abord entrés au cœur de la question générale, parce que, on ne saurait trop le répéter, il y a antagonisme, exclusion entre les projets des deux Compagnies. Nous allons voir, sur la question régionale et locale, combien sont plus justes, plus sérieux, plus faciles à satisfaire, les intérêts et les vœux qui se lient à l'exécution de notre chemin de fer direct.

Ligne directe de Marseille à Aix, au point de vue des intérêts de la France, de Marseille et du Sud-Est.

La ligne de Cette a pour elle un dernier argument. Elle assurerait, dit-on, les communications de Marseille avec le reste de la France, si un accident venait interrompre la marche des trains sur la seule ligne qui relie actuellement le Midi au Sud-Ouest et au Nord.

Vous savez, Messieurs, quelle est ici la force de notre situation, et avec quelle opportunité s'est produite notre initiative, lorsque les défenseurs de la ligne littorale ont signalé les accidents possibles dans le long souterrain de la Nerthe. Nous avons été les interprètes du sentiment public, nous avons exprimé ce qui se trouvait sur toutes les bouches, en demandant le chemin de fer direct entre Marseille et Aix comme une seconde sortie indépendante et comme le vrai remède aux dangers d'une obstruction.

« Des cas de guerre, de disette, etc., peuvent se présenter, disions-nous, où le moindre encombrement dans l'unique issue de la Nerthe créerait de graves complications politiques et un véritable péril social. A côté de ces éventualités redoutables, il y a les inconvénients actuels, les plaintes tenant à l'insuffisance d'une seule ligne ; » et nous citions les pertes subies par le commerce, lorsqu'après la mauvaise récolte de 1861 il avait fallu sacrifier tous les transports de marchandises à celui des blés étrangers. Nous montrions aussi les exigences de l'avenir. Marseille grandit et se développe de jour en jour ; elle est le premier port de la Méditerranée et le plus vaste entrepôt de céréales ; elle ne tardera pas à voir s'ouvrir devant son trafic, par le percement de l'isthme de Suez, l'extrême Orient, tous les pays situés à l'est du cap de Bonne-Espérance. Ces idées d'avenir sur Marseille sont aujourd'hui dans le domaine des lieux communs, tant elles se traduisent en faits, dont chacun sait la progression. Eh bien ! il est une autre idée qui ne tombe pas moins sous les sens. Où sont les relations les plus nombreuses, de quel côté se dirige surtout le trafic de Marseille ? Avec quel pays Marseille doit-il vouloir multiplier, faciliter ses communications? — Est-ce avec le Sud-Ouest, dans la direction du Sud-Ouest, qui est déjà largement pourvu de chemins de fer, et où, soit le cabotage de Cette, soit la ligne de Lunel à Arles, donneront du reste, *quelle que soit l'issue du débat,* tous les avantages possibles d'économie et de rapidité? — N'est-ce pas évidemment avec Lyon et Paris, avec le centre, l'Est et le Nord de la France, avec la Suisse, la Belgique, les Pays-Bas, l'Allemagne, etc...? N'est-ce pas de ce côté qu'existe ce grand courant d'affaires auquel la ligne actuelle ne suffit plus?

On parle de la défense du territoire, de l'intérêt spécial d'une ligne stratégique. — Or, en ouvrant une seconde issue à Marseille, faut-il s'exposer encore aux mêmes périls que ceux de la voie d'Avignon, longeant le littoral au sortir du tunnel de la Nerthe? Le dégagement par la ligne littorale de Cette, qui nécessitera plusieurs souterrains, n'aggraverait-il pas ces périls, que conjurerait une deuxième voie vers le Nord.

Enfin, et ceci sera nécessairement pris en sérieuse considération, les Alpes méritent de compter pour quelque chose dans la balance, et tout le Sud-Est ne saurait être sacrifié au Sud-Ouest. « Entre Marseille et Grenoble, a très-bien observé le Conseil municipal de cette dernière ville, *s'unissant de toutes ses forces,* le 27 juin dernier, au vœu du Conseil municipal d'Aix, entre Marseille et Grenoble s'étend une vaste région aujourd'hui déshéritée de chemins de fer, qui abonde en produits agricoles, en cours d'eau et en richesses minérales, et à laquelle il ne manque que le secours des chemins de fer pour abonder en produits industriels. » — Là, sur les contre-forts des Alpes, sont des populations jusqu'à ce jour isolées, séquestrées, n'ayant que des moyens de communication insuffisants pour rivaliser avec les pays où l'activité humaine peut tout demander à une nature toujours féconde : populations pauvres, mais rudes au travail, et dont un de leurs vrais amis, M. de Ladoucette, préfet qu'on n'oubliera jamais dans les Hautes-Alpes, disait à l'empereur Napoléon Ier : « Que la politique conseillait de soutenir ceux qui combattent une nature marâtre et gardent l'une des portes de l'Italie. »

Ces populations souhaitent, attendent leur chemin de fer de Gap, concédé à la Compagnie de la Méditerranée ; elles en réclament l'exécution prochaine, et elles ont le droit d'être impatientes. Comment l'obtiendront-elles, si les projets de la Compagnie du Midi triomphent, si les soixante-dix millions jetés dans les marais de Cette à Marseille concourent à épuiser des forces financières qui ne sont pas illimitées ? La loi des réseaux a été faite précisément pour des lignes comme celle des Alpes, qui ne seront pas immédiatement productives. Cette loi des réseaux est la sauvegarde des petits contre les grands, et dans un siècle de démocratie il faudrait s'estimer heureux d'une combinaison venant en aide aux parties pauvres du territoire.

Ne soyons donc pas surpris du mouvement d'opinion qui, des Alpes de la Provence, s'est propagé jusqu'à Grenoble. Cette émotion est générale et profonde ; elle s'exprime par des témoignages d'une unanimité remarquable ; elle se formule à cette heure en d'innombrables délibérations de Conseils municipaux ; elle trouve dans les Conseils généraux de la zone des interprètes autorisés, et nous venons d'apprendre que le Conseil général des Basses-Alpes, ne se bornant pas à un vœu, envoie une délégation à Paris pour soutenir la cause de l'embranchement de Digne et du chemin direct de Marseille à Aix. Des pétitions à l'Empereur achèvent de mettre hors de doute de quel côté est l'intérêt public. Il en est ainsi dans la basse Provence : la presse de toute cette région n'a qu'une voix sur l'objet qui nous préoccupe. Telle est la véritable, la grande portée du débat actuel. Deux Compagnies ne sont pas seules en cause, et celle du Midi n'aura plus le droit de se rendre populaire, en se donnant comme une généreuse ennemie du monopole ; car voilà, derrière et avec la Compagnie de la Méditerranée, toute une zone deshéritée de chemins de fer s'adressant à la sollicitude du Gouvernement, réclamant même de sa justice une faible part des biens dont jouit la zone que l'on pose en victime et où l'on a semé une agitation si mal fondée.

Cette émotion, ces délibérations, ces pétitions des Alpes et de la Provence ont pour but spécial et actuel notre chemin direct entre Aix et Marseille ; et ici nous sommes amenés à poser la conclusion logique de tout ce qui précède. Notre chemin de fer direct aura effectivement le double résultat de servir les Alpes et d'assurer la deuxième sortie de Marseille vers le Nord.

Il servira les Alpes. Comment et en quoi ? La chose s'explique d'elle-même. Les populations des Alpes veulent garder et maintenir le mouvement de leur trafic, leurs relations, leurs habitudes ; elles veulent suivre toujours la voie qui, depuis dix-huit siècles, est la leur, descendant par Aix et se dirigeant sur Marseille. Dans ces deux villes sont leurs intérêts ; là il leur faut pouvoir se rendre le plus courtement et économiquement. Le tracé direct, que sollicite la ville d'Aix, leur donnera ce prolongement naturel et nécessaire vers la mer. Il sera de plus le premier tronçon, il deviendra un jour la tête de ligne du chemin de fer qui, s'étendant de Gap à Grenoble, reliera Marseille d'un côté avec Lyon et Paris, de l'autre avec Chambéry, Genève, et, par Briançon, avec Turin et l'Italie septentrionale.

Il dégagera Marseille vers le Nord de deux manières et par deux voies : d'abord par Aix, Pertuis et la vallée de la Durance jusqu'à Avignon ; ensuite, dans un avenir plus ou moins prochain, par Aix, Gap, Grenoble et Lyon.

Constater ces vérités, c'est les prouver. Vouloir que le détour sur Cette par le Sud-Ouest, et en suivant une ligne transversale, soit le moyen de dégager Marseille vers le Nord et par la ligne principale, est impossible. La Compagnie de la Méditerranée insiste avec toutes sortes de motifs dans son mémoire imprimé sur ce que nous n'avons cessé, dès le principe, de soutenir : — « Supposons, dit-elle, la ligne littorale ouverte en novembre 1861. Quelle aurait pu être son utilité au point de vue de l'encombrement des blés dirigés vers l'intérieur ? La seule, la vraie solution est donc dans l'établissement de l'une des deux lignes de Marseille à Aix. C'est là qu'est la dérivation efficace, en cas d'accident dans le souterrain de la Nerthe ou d'encombrement de la ligne principale. »

Ailleurs, dans le mémoire justificatif à l'appui de son avant-projet, la Compagnie oppose très-bien à la ligne de Cette, que couperaient les inondations du Rhône, la nouvelle ligne de Marseille à Avignon, par Aix, évitant le parcours en remblai d'Arles à la Montagnette, directement menacé par ces inondations.

« La ligne auxiliaire, placée à l'Est de la Nerthe, continue le mémoire imprimé, a, en outre, le grand avantage de favoriser une région riche, populeuse, industrielle, *que les lignes actuelles ont forcément délaissée.* Jusqu'ici, par suite de la direction que la Compagnie du Midi a réussi à imprimer à l'agitation locale, on pourrait croire que la création d'une seconde ligne n'intéresse que les départements à l'Ouest du Rhône. — Et cependant les départements du Sud-Est (Bouches-du-Rhône, Var, Vaucluse, Hautes et Basses-Alpes, etc.), ont, dans cette question, au point de vue régional, des intérêts d'une bien autre importance. Il suffit, pour s'en convaincre, de jeter les yeux sur une carte, et il nous paraît superflu d'insister longuement sur ce point. Nous laissons à ces contrées le soin de manifester et de défendre leurs intérêts. Nous avons indiqué les côtés généraux de la question ; il appartient au pays de compléter lui-même la démonstration. »

Nous recueillons ces paroles significatives qui, dans un programme soumis aux populations, ont une extrême importance et confirment tout ce que nous avons dit et fait. La Compagnie de la Méditerranée n'a pas provoqué le mouvement d'opinion qui éclate dans la zone du Sud-Est ; le pays en a eu l'initiative aussi pleinement que possible. On lui laisse le soin d'en donner la preuve, celle-ci ne manquera pas.

Le tracé de Marseille à Aix le plus direct possible.

Les positions sont prises, le but à atteindre et à conquérir est fixé; il ne s'agit plus que d'aller droit aux conséquences.

Il faut ouvrir à Marseille une deuxième voie par le Sud-Est, et cette deuxième voie sera le premier tronçon de la ligne des Alpes. Il n'est donc pas question d'un de ces embranchements plus ou moins détournés et contournés qu'on accorde par commisération à une ville. La satisfaction que réclame un grand intérêt général et régional ne peut être subordonnée à des intérêts particuliers; elle doit être franche, simple, complète, répondre, en un mot, au but que l'on propose au pays de consacrer par ses suffrages.

Il serait vraiment trop malheureux pour la ville d'Aix, desservie d'une manière si insuffisante par l'embranchement de Rognac, qu'elle trouvât dans un second chemin de fer des communications moins rapides avec Marseille, une sorte de supplice de Tantale, la perte définitive de ses espérances. Sa situation topographique la place à la fois trop loin et trop près de sa puissante voisine. Elle est trop loin pour participer à sa vie industrielle, bien que certaines industries pussent, comme l'a observé le Conseil général des Bouches-du-Rhône, rechercher à Aix des emplacements vastes et peu coûteux. Elle est trop près pour se développer isolément. Or, la seule solution est qu'elle soit plus près encore, que l'abréviation des distances lui permette de s'associer étroitement à Marseille, dans la spécialité de ses traditions, de ses aptitudes et les progrès de son agriculture, qu'enrichira le canal du Verdon.

Cette solution, le chemin de fer *le plus direct possible* seul la donnera sûrement et à jamais. Hors de là, il n'y a que des intentions plus ou moins bienveillantes, mais temporaires et sans garantie d'avenir.

Examen des trois tracés.

Lors donc que la Compagnie de la Méditerranée présente, au nombre des trois tracés soumis à l'enquête, celui par Aubagne et Fuveau, nous nous croyons dispensés de tout examen, et nous nous bornons à dire : ce n'est pas là le chemin de fer direct, objet de nos vœux et de nos efforts.

Ce tracé emprunterait d'abord, au sortir de Marseille, la ligne de Toulon, puis il la quitterait à Aubagne, pour se diriger à travers les mines de Fuveau par la vallée de l'Huveaune. Cette direction vers le bassin houiller marque l'intérêt spécial d'une ligne que la Compagnie reconnaît elle-même, dans son mémoire explicatif à l'appui de l'avant-projet, *devoir servir principalement comme ligne industrielle.* Dès 1860, le projet avait été soumis à l'enquête pour la partie entre Aubagne et Valdonne, « en vue, dit encore le mémoire, d'une déclaration d'utilité publique et d'une exécution concertée avec les Compagnies de charbonnage de Fuveau. » Il n'y a rien là qui intéresse le dégagement de Marseille, la ligne des Alpes, et les relations plus promptes entre Marseille et Aix.

En l'état, qu'avons-nous? Quaurions-nous avec le tracé s'embranchant à Aubagne?

Nous avons l'embranchement de Rognac, et depuis Rognac le chemin de fer de Lyon, le tout offrant un parcours de 53 kilomètres, c'est-à-dire une distance presque double, la Compagnie le constate, de celle qui sépare Aix de Marseille, par la route impériale n° 8. Aussi la circulation entre les deux villes ne s'effectue que dans deux heures et n'est guère plus rapide qu'elle ne l'était autrefois par le courrier portant les dépêches. Elle est soumise à toutes les difficultés, à tous les embarras que nécessite le transbordement des voyageurs à Rognac, par tous les temps et dans toute saison.

Il n'en serait pas autrement par le tracé d'Aubagne, qui aurait non plus 53, mais 55 kilomètres, et avec des pentes beaucoup moins favorables à la traction. Cette ligne exigera du reste plus de cinq percés, dont un de 1,250 mètres.

Les deux tracés directs méritaient donc seuls, Messieurs, d'occuper votre Commission. Ils sont les variantes d'un seul, car ils ont sur une certaine étendue le même parcours.

La ville d'Aix est séparée de Marseille par une barrière de montagnes abruptes, sans laquelle la distance entre les deux villes pourrait être franchie, en chemin de fer, dans une demi-heure, et que la ligne de Paris à Lyon traverse souterrainement à la Nerthe, par un tunnel de 4,700 mètres environ.

Cette barrière s'abaisse sur un point situé entre la chaîne de l'Étoile et la chaîne de l'Estaque. Là s'ouvre un col, celui du Pin, dont le niveau est de beaucoup inférieur à celui de toutes les dépressions, donnant accès de la vallée de l'Arc dans le bassin de Marseille. Il est le lieu de passage de la route impériale n° 8, et on s'était souvent demandé comment il n'avait pas fixé les préférences dans l'établissement de la ligne de Lyon, puisqu'on peut le franchir sans souterrain.

7

Heureusement, ce qui n'a pas été fait dans le passé, pour la ligne principale, le sera avec non moins d'utilité aujourd'hui pour la ligne auxiliaire.

Les deux tracés ont un même point de départ, et suivraient jusqu'à la Malle un parcours unique. Le chemin de fer direct se détacherait à 2,300 mètres de l'extrémité des rails de la gare de Marseille, passerait à Sainte-Marthe, Saint-Joseph, entre le château des Aygalades et le canal, et gravirait par Septêmes le plateau du Pin.

A la Malle commence, soit la variante de Gardanne, soit celle des Mille. La première ligne, s'infléchissant vers l'Est , se développperait par Gardanne jusqu'au pont de Bachasson, d'où elle reviendrait sur Aix par la vallée de l'Arc, voie que suit la ligne d'Aubagne par Fuveau. — L'autre, s'infléchissant vers l'Ouest, mais beaucoup moins, se prolongerait du côté des Mille par le ravin de la Jouine, et aux Mille emprunterait le tronçon de la ligne de Rognac.

Le tracé par Gardanne aurait 40 kilomètres et demi, et coûterait 14 millions 206 mille francs. Celui des Mille n'aurait guère plus de 37 kilomètres, et ne coûterait que 9 millions et demi.

Les différences entre les pentes dans les deux directions ne sont pas très-considérables. Cependant elles existent, et elles sont également en faveur de la ligne des Mille.

Le mémoire explicatif qui accompagne les profils est très-formel sur ce point : « Le tracé à l'ouest d'Aix, par les Mille, étant plus court, plus économique, et offrant moins de contre-pentes, nous paraît répondre mieux au nom de ligne directe d'Aix à Marseille et au but que poursuit le comité d'Aix. Il se développe de la manière la plus satisfaisante entre Bouc et les Mille. »

Au contraire, le tracé de Gardanne présente, entre la Malle et Bachasson, une série de pentes et de contre-pentes de 0,010 et de 0,012 qui ne pourraient, d'après la Compagnie, manquer de rendre la traction très difficile.

Nous avons voulu examiner nous-mêmes les profils pour achever de nous convaincre, et ils nous ont donné les mêmes résultats.

Placés en face de ces chiffres et de ces faits, nous ne pouvions, Messieurs, hésiter en demeurant fidèles à notre vœu et à notre but. Le tracé par Gardanne aurait présenté quelques avantages incontestables. Il a pour lui le vote du Conseil général des Bouches-du-Rhône ; mais il est coûteux, presque autant que celui par Aubagne et

Fuveau ; il n'est pas direct ; il desservirait très-imparfaitement les mines ; il a des pentes et des contre-pentes qui allongeraient le parcours. Il nous était impossible de le préférer.

Le tracé des Mille n'exigera qu'une dépense bien moindre ; il est le plus court ; il offre les pentes les mieux ménagées. Seul il nous donnera la ligne aussi directe que possible entre Aix et Marseille, celle que nous avons voulu, que nous voulons et que les Alpes veulent avec nous. Notre choix est donc pour le tracé des Mille.

Votre Commission, Messieurs, en rejetant le tracé de Gardanne, n'a pas obéi à la seule considération de la plus grande dépense ; mais cette considération n'est pas néanmoins à laisser complétement à l'écart. La ligne de Gardanne devrait coûter 14 millions et 200 mille francs. La Compagnie de la Méditerranée, d'un autre côté, en proposant la ligne par Aubagne et Fuveau, accepte une dépense de 15 millions. Avec cette somme, plus élevée encore que celle du tracé de Gardanne, elle pourra exécuter au prix de 9 millions le chemin de fer direct de Marseille à Aix par les Mille, employer les autres 6 millions à desservir le bassin houiller par l'embranchement d'Aubagne sur Valdonne prolongé jusqu'à Fuveau, et assurer au Var une première satisfaction qui devra recevoir son complément dans la ligne de Saint-Maximin. La Compagnie de la Méditerranée fait faire en ce moment les études de cette ligne centrale, qui, partant d'Aix et passant par Brignoles, aboutirait aux Arcs, près de Draguignan. Sa bienveillance pour nos contrées se joint à une pensée d'intérêt public, pour ménager l'ouverture d'une voie raccourcie qui, très-utile à de nombreux territoires, dégagerait les gares de Marseille et de Toulon, donnerait les communications les plus directes entre l'Espagne, le Midi de la France, les Alpes d'un côté, et l'Italie de l'autre.

Ainsi, notre ligne directe ne préjudiciera en rien aux intérêts voisins qui, pour le côté de l'Est, se confondant avec les nôtres et avec ceux des Alpes, ne sauraient nous laisser indifférents.

Par ces motifs, Messieurs, votre Commission conclut à ce que le Conseil municipal d'Aix,

1° S'oppose au projet d'établissement de la ligne littorale de Cette à Marseille ;

2° Donne son adhésion aux propositions de la Compagnie de la Méditerranée comme répondant à un grand intérêt public ;

3° Entre les trois tracés par Aubagne et Fuveau, par Gardanne, et par les Mille, donne ses préférences à celui des Mille qui est *le plus direct possible;*

4° Emette avec confiance le vœu que le choix du Gouvernement porte sur ce dernier tracé, la Compagnie de la Méditerranée se déclarant prête à se conformer à ce choix.

Le Conseil municipal de la ville d'Aix, ouï le Rapport de M. Ch. de Ribbe,

Délibère d'adopter ce Rapport dans tout son contenu et de le convertir en délibération ;

Vote à l'unanimité les articles 1 et 2 de ses conclusions, et, à l'unanimité, moins une voix, les articles 3 et 4.

Chambre consultative d'arts et manufactures d'Aix.

5 Septembre 1862.

Étaient présents :

M. F. Aubert, Président du Tribunal de commerce, Président de la Chambre; MM. Coq, Coupin, Gibert, Guilheaume, Lafond, Laroque, Leydet aîné, Makaire, Michel et J. Bernard, Secrétaire de la Chambre.

La Chambre consultative, sur le rapport présenté par M. J. Bernard, secrétaire de la Chambre :

En ce qui touche les propositions de la Compagnie du Midi :

Considérant que l'objet principal des propositions de cette Compagnie est la création d'un chemin de fer de Marseille à Cette par le littoral :

Considérant que l'intérêt général du pays réclame impérieusement l'établissement à Marseille d'une nouvelle voie ferrée se dirigeant vers le Nord ; que cette direction est la seule qui satisfasse aux besoins les plus urgents du commerce français et international, aux nécessités de l'alimentation publique, aux exigences de notre puissance militaire ;

Considérant que le chemin de fer projeté entre Marseille et Cette, se dirigeant vers l'Ouest, ne remplit aucune de ces conditions et peut empêcher au contraire la construction de la ligne vers le Nord ;

Que ce chemin de fer, sans utilité pour les intérêts généraux de la France, n'est pas de nature à servir les intérêts locaux, puisque, de Marseille à Cette, il rencontre à peine quelques petits centres de population, tels que Martigues, Bouc et Aigues-Mortes, lesquels seront convenablement desservis par les embranchements offerts par la Compagnie de la Méditerranée ;

Qu'en dehors de ces localités, la ligne littorale ne traverse que des pays incultes, stériles, à peu près déserts, et dont l'améloration ne paraît guère possible ; que les rares habitants de ces contrées sont décimés par les fièvres paludéennes dont les voyageurs auraient à redouter les pernicieuses atteintes ;

Considérant que l'établissement de cette ligne nécessiterait sur le Rhône et non loin de ses embouchures, des ouvrages d'art qui entraveraient la navigation ;

Qu'établie au bord de la mer, sur des terrains peu solides, trop facilement submersibles, elle serait encore exposée, sur presque tout son parcours, aux coups de l'ennemi, en cas de guerre maritime ; qu'étant ainsi sujette à tant d'inconvénients, d'interruptions et de dangers, elle se trouve dans une situation exceptionnellement mauvaise ;

Considérant que si la ligne littorale, comparée à celle passant par Lunel et Arles, présente une légère abréviation dans le trajet de Marseille à Cette, la Compagnie de la Méditerranée s'engage à ne taxer, pour ce trajet, les voyageurs et les marchandises, que pour 160 kilomètres, ce qui est la longueur de la ligne littorale ;

Considérant que vainement la Compagnie du Midi fait valoir les avantages que procurerait l'adoption de son projet, en supprimant les ruptures de charges à Cette, en établissant des tarifs communs et en améliorant l'exploitation depuis Marseille jusqu'à Bordeaux ; que tous ces avantages peuvent être immédiatement obtenus sans qu'il soit nécessaire de dépenser environ 60 millions pour la création d'un chemin de fer dont l'utilité est si problématique ;

Qu'en effet, la Compagnie de la Méditerranée s'engage dès à présent à acccepter pour le trafic commun de Marseille à Bordeaux les tarifs, les conditions de vitesse que la Compagnie du Midi aura établis elle-même sur son propre réseau, et cela sans transbordement ni interruption d'aucune sorte ; que la Compagnie du Midi peut donc, lorsqu'il lui plaira, faire jouir le public des améliorations qu'elle lui refuse volontairement ;

Considérant que le mouvement commercial, existant entre Marseille et Cette, est d'une très-faible importance, puisqu'il n'excède pas 125,000 tonnes par an ; que les deux tiers au moins de ce trafic s'effectuent par la navigation maritime, laquelle offre au commerce des conditions convenables de célérité et une grande modicité de prix (80 centimes par 100 kilogrammes) ; qu'avec une telle concurrence, jointe à celle résultant du chemin de fer de Tarascon, la ligne littorale ne peut guère produire un revenu qui rémunère l'énorme capital dépensé ; que par la force des choses la Compagnie du Midi serait amenée à combattre la navigation, et qu'à l'aide des tarifs différentiels, elle parviendrait à la détruire ;

Considérant que le plus grand intérêt du commerce est de conserver les moyens de transports économiques fournis par la navigation ; que les procédés de la Compagnie du Midi, au sujet des canaux du Languedoc et de la Garonne, nous indiquent suffisamment son intention de réduire la navigation à l'impossibilité de subsister ; que si le commerce se laissait abuser par les grands mots de concurrence et de bon marché qu'on entend si souvent prononcer, il signerait la destruction du cabotage de Marseille à Cette, et créerait en faveur de la Compagnie du Midi, déjà maîtresse des canaux du Sud-Ouest, un monopole dont nous ne tarderions pas à sentir les désastreux effets ;

Considérant que le système des réseaux des chemins de fer, adopté en 1857, a déjà produit les plus heureux résultats ; qu'il a affermi le crédit des Compagnies et leur a permis de créer un grand nombre de lignes dont le pays n'aurait pas été doté sans cette sage mesure ; que dans la question actuelle aucun intérêt public ne justifie une dérogation au principe salutaire de la séparation des réseaux ; que l'empiétement de la Compagnie du Midi n'aurait d'autre effet que de priver la France des immenses avantages qu'elle doit retirer des divers projets proposés par la Compagnie de la Méditerranée.

En ce qui touche les propositions de la Compagnie de Paris à Lyon et à la Méditerranée, et comprenant les projets suivants :

1° *Ligne de Lunel à Arles ;*

2° *Embranchement du Pas-des-Lanciers sur Martigues et Bouc ;*

3° *Ligne directe de Marseille à Aix ;*

4° *Établissement d'une gare de marchandises à l'Estaque ;*

5° *Établissement d'une nouvelle gare au sud de Marseille.*

SUR LE PREMIER POINT :

Considérant que le tracé de Lunel à Arles, évitant le littoral où règnent la stérilité, la solitude et l'insalubrité, traverse des contrées riches et peuplées, où l'agriculture et l'industrie fournissent une grande abondance de produits ;

Qu'il passe dans la partie supérieure de la Camargue, c'est-à-dire dans des pays en pleine culture, qui profiteront de tous les bienfaits qu'on peut attendre d'un chemin de fer ;

Que le viaduc sur le Rhône sera établi dans des conditions telles qu'il n'apportera aucune entrave à la navigation ;

Que la ligne projetée aboutit à l'importante ville d'Arles, dont les intérêts méritent d'être pris en sérieuse considération ;

Que cette ligne assure, d'une manière facile et économique, les relations entre le Languedoc et l'arrondissement d'Aix, la partie septentrionale du Var et toute la vallée de la Durance ; que ces avantages ne peuvent pas être obtenus avec la voie du littoral ;

Que le Languedoc a déjà ses rapports vers le Nord parfaitement établis par la ligne de Tarascon, et que le chemin de Lunel à Arles lui ouvre une nouvelle et précieuse communication avec Marseille, presque aussi courte que celle du littoral et ne coûtant pas davantage, soit pour les voyageurs, soit pour les marchandises.

SUR LE SECOND POINT :

Considérant que les populations des Martigues et de Bouc ont leurs relations à peu près exclusivement dirigées vers Marseille, et que leur principal intérêt est d'être reliées à cette ville ;

Que l'embranchement du Pas-des-Lanciers leur donne, sous ce rapport, une entière satisfaction ; qu'il leur offre en outre un débouché vers le Nord et les rapproche de la ville d'Aix où les appellent incessamment leurs affaires judiciaires, administratives et autres.

SUR LE CHEMIN DE FER DIRECT DE MARSEILLE A AIX :

Considérant que le 13 juin dernier, et bien avant que les propositions actuelles de la Méditerranée fussent connues, la Chambre consultative a donné sur ce point un avis motivé qui sera joint à la présente délibération ;

Considérant que l'urgente nécessité de créer à Marseille une nouvelle voie ferrée se dirigeant *vers le Nord* et *indépendante du souterrain de la Nerthe*, n'est plus contestée ; qu'elle est au contraire affirmée par toutes les populations et hautement reconnue par la Compagnie de la Méditerranée ;

Que cette voie assure et garantit en tout temps la régularité des immenses relations que Marseille entretient avec le Centre, l'Est et le Nord de l'Empire, avec la Suisse, l'Allemagne, la Belgique, les Pays-Bas, l'Angleterre et l'Europe septentrionale ;

Que réciproquement les exportations que ces divers pays opèrent par Marseille ne courront plus le risque d'être contrariées ou entravées ;

Qu'en cas de disette, l'introduction facile des blés étrangers dans l'intérieur écartera tous les dangers auxquels se trouvait exposée l'alimentation publique ;

Qu'en cas de guerre les forces militaires de la France auront toujours un libre accès vers les grands ports de Marseille et de Toulon ;

Considérant que la nouvelle voie arrivant à Aix se soudera aux embranchements de Rognac et de Pertuis, et communiquera ainsi par plusieurs points avec Avignon et tout le Nord, avec le Languedoc et la vallée de la Durance ;

Que les départements des Hautes et Basses-Alpes, jusqu'à présent privés de chemins de fer, demandent énergiquement à être reliés à Marseille par la ligne la plus directe ; que le même vœu retentit unanimement depuis Pertuis jusqu'à Grenoble ;

Que les populations riveraines de la Durance, réduites encore aux anciens moyens de transport, entretiennent déjà un trafic annuel avec Marseille de 300,000 tonnes, tandis que le mouvement de Cette à Marseille, pour lequel on fait tant de bruit, n'arrive pas à la moitié de ce chiffre ;

Considérant que ce trafic est appelé à recevoir la plus grande extension lorsqu'une voie directe et sans rupture de charge descendra les bestiaux, les charbons, les marbres, les bois de construction, et développera toutes les richesses agricoles, minérales et forestières qui demeurent inexploitées par suite de la difficulté et de la cherté des transports ;

Que le tracé direct par Aix deviendra la tête de ligne du chemin de fer des Alpes qui, prolongé par Grenoble jusqu'à Lyon, ouvrira entre cette dernière ville et Marseille une nouvelle et importante communication ; que nous serons ainsi reliés au Piémont et aux nouveaux départements de la Savoie ;

Qu'en examinant les avantages que la ligne d'Aix va procurer à la France et à la région du Sud-Est, il y a lieu de ne pas dédaigner ceux qu'en retireront les villes d'Aix et de Marseille ;

Considérant que l'abréviation notable de la distance qui les sépare donnera un nouvel et irrésistible essor aux relations si nombreuses existant entre les deux villes ;

Que Marseille sans cesse grandissant sera forcé d'établir hors de ses murs une grande partie de son industrie ; que la création de ses nouvelles et magnifiques rues, l'établissement des gares et des nouveaux chemins de fer projetés, feront de jour en jour sentir davantage cette nécessité ;

Que l'industrie marseillaise ne manquera pas de profiter pour ses forces motrices des chutes si nombreuses et si économiques que le canal du Verdon va bientôt répandre sur notre territoire ; qu'elle ne trouverait nulle part des conditions aussi favorables de proximité et de bon marché, pour les moteurs hydrauliques, pour la main-d'œuvre, les locaux et les terrains ;

Que les deux cités voisines trouveront dans la ligne directe un nouvel et puissant élément de prospérité.

SUR LES DEUX DERNIERS POINTS :

Considérant que l'établissement d'une gare de marchandises à l'Estaque aura pour effet de faire cesser l'encombrement de la gare actuelle de Marseille ; que des inconvénients et des dangers existent pour les voyageurs lorsque les trains se renouvellent à des distances trop rapprochées ; que souvent les retards éprouvés par les marchandises n'ont d'autre cause qu'un trop long stationnement dans les gares, où la surabondance des colis nuit à la célérité et à la régularité du service ;

Qu'un embranchement, établi entre l'Estaque et les ports de la Joliette et les nouveaux bassins recevra ou versera sur les quais une grande quantité de marchandises, sans toucher à la gare de Saint-Charles ;

Que la gare projetée au sud de Marseille, ainsi que le chemin de ceinture qui en est la conséquence obligée, sont appelés à rendre les mêmes services de dégagement en recevant les voyageurs et les marchandises de Toulon et de l'Italie ; que l'exploitation des chemins de fer vers le Nord et l'Italie sera considérablement améliorée ;

Qu'en nous bornant à signaler les avantages que les nouvelles gares assurent à l'intérêt général, nous sommes persuadés que le commerce marseillais et le Gouvernement apprécieront les bienfaits plus importants encore dont elles dotent la ville de Marseille.

En ce qui touche les tracés proposés pour la ligne directe de Marseille à Aix :

Considérant que le tracé par Aubagne ne représente qu'un intérêt particulier, celui du bassin houillier de Fuveau, et ne peut être considéré sérieusement ni comme une nouvelle issue de Marseille vers le Nord, ni comme une tête de ligne pour le chemin des Alpes ; qu'il peut encore moins servir de ligne directe entre Aix et Marseille ;

Qu'en effet ce tracé, long de cinquante-cinq kilomètres (54,745 mètres), nécessite à Aubagne les transbordements et les pertes de temps que nous reprochons au chemin de Rognac ;

Que l'embranchement de Rognac nous conduit à Marseille avec un parcours de cinquante-deux kilomètres (52,341 mètres) ; qu'ainsi le tracé par Aubagne, comparé à celui de Rognac, allonge de 2,404 mètres la distance de Marseille à Aix ;

Que la ligne d'Aubagne présente en outre des rampes plus longues et de plus grandes difficultés de traction ;

Qu'évidemment un pareil projet doit être écarté, puisqu'il s'agit de trouver une amélioration et non point une aggravation à la situation actuelle ;

Considérant que dès lors la comparaison ne peut exister qu'entre les tracés de Gardanne et des Mille ;

Que ces deux tracés ont un tronc commun depuis Marseille jusqu'à la station de la Malle sur le plateau du Pin ; que la bifurcation s'opère à ce point, de manière à ce que l'un se dirige à l'Est vers Gardanne, et l'autre fléchit au Nord-Ouest vers les Mille ;

Considérant que le tracé par Gardanne présente un développement de 40,500 mètres, tandis que celui des Mille n'a qu'une longueur de 37,300 mètres ;

Que les pentes et les rampes de la ligne de Gardanne sont plus défectueuses et présentent à l'exploitation plus de difficultés que celles des Mille ;

Que le tracé de Gardanne doit coûter 14,200,000 fr., tandis que celui des Mille sera effectué moyennant 9,500,000 fr. ;

Considérant qu'en présence de ces différences, il y a lieu de préférer le chemin le plus court, le plus facilement praticable et le moins coûteux :

Que l'économie réalisée par la préférence du tracé des Mille sur celui de Gardanne, permettra à la Compagnie d'appliquer 5,000,000 fr. à la ligne de Fuveau, sans augmenter sa dépense ;

Qu'il importe avant toute chose de satisfaire l'intérêt général qui réclame impérieusement la création du chemin de fer le plus direct entre Marseille et Aix ;

Considérant que le Conseil général des ponts et chaussées et le Comité supérieur des chemins de fer se sont prononcés contre les projets de la Compagnie du Midi et en faveur de ceux de la Méditerranée ; qu'un pareil avis émanant des autorités les plus compétentes est d'une immense gravité ;

Considérant que M. Talabot, directeur général de la Compagnie de Paris à Lyon et à la Méditerranée, a donné, devant le Conseil général des Bouches-du-Rhône, l'assurance formelle que les propositions de cette Compagnie étaient indivisibles et que ces divers projets seraient exécutés dans l'espace de trois ans à partir de la concession.

Par ces motifs :

La CHAMBRE délibérant a l'unanimité,

S'oppose à l'établissement de la ligne de Marseille à Cette par le littoral ;

Prie le Gouvernement de vouloir bien concéder à la Compagnie de la Méditerranée, qui offre de les exécuter dans trois ans et sans subvention :

1° Un chemin de fer de Lunel à Arles ;

2° Un embranchement du Pas-des-Lanciers aux Martigues et à Bouc ;

3° Une ligne directe de Marseille à Aix ;

4° L'établissement d'une gare de marchandises à l'Estaque, avec raccordement sur les ports de Marseille ;

5° L'établissement d'une nouvelle gare au sud de Marseille ;

Emet le vœu que parmi les tracés proposés pour la ligne directe de Marseille à Aix, celui des Mille soit préféré, et qu'il soit promptement exécuté.

Conseil municipal d'Arles.

15 Septembre 1862.

....
.... Comme vous le pensez bien, votre Commission a dû restreindre les observations que vous devez consigner à l'enquête aux deux lignes qui touchent directement aux intérêts de notre localité, à savoir : la ligne littorale de Cette à Marseille
et l'embranchement de Lunel à Arles.

Quant à tous les autres projets, sans en méconnaître la portée, elle n'a dû s'en
occuper qu'à un point de vue général et seulement pour justifier la préférence
qu'elle vous propose d'exprimer.

Examen général.

Tout esprit clairvoyant, exempt de passion et d'intérêt personnel, qui étudiera
les questions soulevées par les prétentions rivales des deux Compagnies, dont nous
venons d'énoncer les projets, s'étonnera profondément du bruit qui a été fait autour
de cette affaire.

On dirait, à voir l'agitation qui s'est produite dans quelques départements du
Sud-Ouest qu'il s'agit ici d'une de ces questions vitales pour l'intérêt général qui
surexcitent et passionnent à bon droit l'opinion publique.

Il n'en est rien; aussi ce mouvement sans cause sérieuse ne s'explique que par l'habileté avec laquelle l'intérêt privé d'une grande Compagnie a su revêtir les apparences de l'intérêt général et attirer dans sa sphère d'action un certain nombre d'intérêts locaux flattés par des promesses ou effrayés par des craintes illusoires.

Eh quoi! est-ce dans un pays tel que la France, sous un Gouvernement qui sait prendre l'initiative de tous les progrès, qu'il serait nécessaire de recourir à tant d'agitation et de bruit, pour faire reconnaître et sanctionner une entreprise d'intérêt général?

Non, sans doute, les premiers à voir, les premiers à proposer dans ce cas, sont les conseils du Gouvernement; l'agitation dont nous sommes témoins serait-elle spontanée, ne saurait changer le caractère de la question.

S'agiter n'est pas répondre. Mais il faudrait être aveugle pour ne pas voir combien tout ce mouvement est factice; la main de l'intérêt privé s'y reconnaît au premier coup d'œil.

Toutefois puisque la question est aujourd'hui portée devant le public, examinons-la à notre tour. Aussi bien il n'est pas regrettable que l'opinion publique se prononce en semblable matière.

C'est la prétention de la Compagnie du Midi à la concession d'une seconde ligne de Cette à Marseille par le littoral qui donne lieu au grand débat que nous voyons se poursuivre depuis plus d'un an.

Est-il vrai que l'intérêt général soit d'accord avec cette prétention? Les voix les mieux autorisées ont dit le contraire; n'ayons pas égard à ces hautes décisions et examinons par nous-mêmes.

Quels étaient les intérêts généraux à consulter pour admettre ou pour rejeter la ligne proposée ?

On devait se demander d'abord si la prétention de la Compagnie du Midi n'était pas une violation du principe des réseaux si heureusement adopté par la loi de 1857; le premier des grands intérêts sociaux n'est-il pas le respect des droits légitimement acquis?

Ensuite, si l'utilité du projet répondait à la dépense qu'il allait nécessiter.

Enfin si sous prétexte de concurrence on n'allait pas donner naissance à un monopole écrasant.

A ces diverses demandes quelles sont les réponses fournies par l'examen du projet?

La création d'une deuxième ligne de Cette à Marseille au profit de la Compagnie du Midi est une usurpation évidente sur le réseau méridional de la Compagnie de Paris, Lyon, Méditerranée, qui ne peut que troubler profondément les droits et les intérêts liés au sort de cette Compagnie.

Et qu'on ne s'y trompe pas, vis-à-vis de tous, du plus petit comme du plus grand, le respect du droit est un intérêt public de premier ordre.

Les Compagnies de chemin de fer se sont créées dans l'assurance qu'à moins d'une exception justifiée par un grand intérêt général leur réseau serait respecté.

Il leur a été assigné à la suite d'un bilan où d'un côté figuraient les avantages, de l'autre les charges. Après la ligne fructueuse venait l'embranchement onéreux. Telles parties du réseau seraient évidemment mauvaises, mais l'ensemble offrait un avantage. On l'acceptait.

C'est après avoir pesé et mesuré les divers éléments que les capitaux du pays se sont rendus à l'appel des Compagnies, et que leur crédit s'est formé, étendu, assuré, et ce ne sont pas des millions seulement mais des milliards qui, sortis de l'épargne de tous, ont rendu possible tant de magnifiques créations, de telle sorte qu'on peut dire que la fortune des Compagnies, c'est la fortune du pays, et leur crédit, le crédit du pays.

Qui voudrait porter sur cet édifice une main imprudente au risque de l'ébranler?

C'est pourtant là qu'aboutirait la prétention de la Compagnie du Midi; le précédent qu'elle veut faire consacrer serait pour toutes les Compagnies une menace pleine de périls, et pour la Compagnie de la Méditerrannée une atteinte certaine à son droit.

Quel est donc ce grand intérêt qui justifiera une telle exception?

L'objet principal de la ligne de Bordeaux à Cette, c'est la jonction des deux mers. Ce but est obtenu, et non-seulement la ligne partie de l'Océan arrive à la Méditerranée, mais elle se prolonge jusqu'à Marseille par l'embranchement depuis longtemps concédé à la Compagnie de Paris, Lyon, Méditerrannée, et exploité par elle. Les chiffres les plus positifs attestent que l'embranchement suffit au trafic et au mouvement des voyageurs; proposer dans une telle situation une dépense de 70 millions pour doubler cette ligne, c'est une aberration que l'aveuglement de l'intérêt privé explique seul.

Il est vrai que la Compagnie du Midi, qui veut à tout prix la ligne continue de Bordeaux à Marseille, promet des merveilles pour le développement futur de cette ligne lorsqu'elle en sera la maîtresse unique et absolue ; mais ce n'est point par des phrases et de l'imagination qu'on répond aux faits et aux chiffres, et ramenée sur ce terrain la Compagnie du Midi n'a rien à objecter.

Si ce n'est l'utilité d'une concurrence qui sera favorable dit-elle à l'abaissement des tarifs. La concurrence ! Ce mot dans sa bouche a le droit d'étonner car il est bien peu d'accord avec ses actes.

Il existait entre les deux mers une concurrence précieuse pour l'intérêt du commerce et de l'agriculture : c'étaient les canaux du Midi et *Latéral* à la Garonne.

Un jour la Compagnie du Midi a voulu devenir seule maîtresse de ces deux canaux ; elle a réclamé le canal du Midi comme elle réclame la ligne littorale. Qu'est-il devenu entre ses mains ? Des tarifs démesurément exagérés lui ont fait perdre toute utilité. La marchandise ne pouvant plus opter entre le bon marché et la vitesse est allée forcément à la voie ferrée, payant 27 francs la tonne de Bordeaux à Cette, quand la navigation aurait pu exécuter le même transport à 9 francs.

Le même sort attend le cabotage du littoral. Les tarifs différentiels auront bientôt raison de la navigation entre Cette et Marseille et même de l'embranchement de la Méditerranée qui dans cette direction sera complétement annihilé.

On le voit, sous quelque aspect que l'on envisage la prétention de la Compagnie du Midi, par rapport aux intérêts généraux, on est conduit à la repousser. Maintenant nous ne pouvons nier que la ligne littorale ne présente certains avantages secondaires, mais sous ces rapports, les projets de la Compagnie de Paris, Lyon, Méditerrannée lui sont de beaucoup préférables.

Un court parallèle l'établira.

La ligne littorale abrège la distance, mais elle traverse des contrées désertes et stériles.

L'embranchement de Lunel à Arles offre un raccourci presque équivalent en passant dans une région riche et peuplée.

La première relie à Marseille et à Cette les villes d'Aigues-Mortes, Bouc, Martigues.

Par ses embranchements de Lunel et du Pas-des-Lanciers, la deuxième met ces trois petits ports non-seulement en communication avec Cette et Marseille, mais encore avec le Nord et le Sud-Est.

Enfin la ligne littorale offre dans la direction du Sud-Ouest une issue indépendante du souterrain de la Nerthe et dégage Marseille en établissant une gare de plus. Mais par sa ligne directe sur Aix, la Méditerrannée obtient un résultat plus complet puisque cette nouvelle issue également indépendante de la Nerthe assure les communications non-seulement avec le Sud-Ouest, mais encore avec le Nord, et quant à dégager Marseille, elle y arrive bien plus efficacement par la création d'une gare de marchandises à l'Estaque et d'une nouvelle gare au Midi de cette grande cité.

Ainsi à quelque point de vue qu'on se place on est forcé de reconnaître que l'examen comparatif des projets des deux Compagnies commande la préférence en faveur de ceux proposés par la Compagnie de Paris, Lyon, Méditerrannée. Mais bornons ici ces considérations et hâtons-nous d'arriver aux observations particulières qu'au nom de nos intérêts propres nous devons consigner dans l'enquête.

Observations particulières sur la ligne de Cette à Marseille par le littoral.

S'il y a quelque chose de démontré aussi clair que le jour, c'est l'inutilité de cette ligne au point de vue des intérêts généraux ; cependant on continue de publier qu'elle enfantera des prodiges.

Au nombre des erreurs propagées par ses partisans intéressés se trouve celle-ci : La Camargue, l'arrondissement d'Arles, doivent en recueillir de grands bienfaits! Plus que personne vous êtes à même d'apprécier la valeur de cette assertion.

Que peut faire à la Camargue cette ligne qui la longe à son extrémité déserte et abandonnée? Quelles sont les populations qui pour arriver dans la partie fertile et peuplée du delta viendront débarquer aux Saintes-Maries, c'est-à-dire au milieu des lagunes fiévreuses sans moyen de communication avec l'intérieur.

Malgré la ligne littorale, le Languedoc continuera à communiquer avec la Camargue par Saint Gilles, et par Arles. A ce point de vue encore cette ligne n'est qu'une superfétation; ajoutons qu'une inondation du Rhône, comme nous en avons vu plusieurs en moins de 20 ans, la bouleverserait sur son parcours presque entier, c'est-à-dire d'Aigues-Mortes à Bouc, et l'obligerait à chômer indéfiniment. Les terres basses, plates, marécageuses, du littoral n'ayant presque pas de pente, les eaux d'inondation ne s'y écoulent que très-lentement; la ligne y demeurerait dans l'eau des mois entiers sans qu'il fût possible de réunir des hommes et des matériaux pour réparer ces désordres.

Et ce n'est pas là une assertion en l'air ; nous avons tous vu le littoral de la Camargue après les inondations de 1840, 1843, 1856, rester submergé plus d'un an.

La Camargue n'a aucun bien à attendre de la ligne littorale, mais il est un de nos intérêts les plus importants, les plus dignes de faveur, qui se trouverait cruellement atteint par l'établissement de cette ligne : c'est l'intérêt de notre marine.

Et ceci est sérieux et bien digne de fixer l'attention du Gouvernement, car il existe à Arles 1,800 marins inscrits, et c'est pour notre force navale une pépinière à conserver. Durant la guerre de Crimée ils n'étaient pas moins de 600 sur la flotte. La partie de la population d'Arles qui vit de la navigation maritime et qui ne s'élève pas à moins de 6,000 âmes, s'est émue à l'annonce d'une ligne à établir par le littoral de Cette à Marseille ; elle y a vu son coup de grâce.

En effet la ligne du littoral ne la frappera pas seulement dans un de ses éléments de vie, en lui enlevant la part qu'elle peut prendre au cabotage de Cette à Marseille, mais par son viaduc sur le bas Rhône elle créerait une gêne, un obstacle permanent à son mouvement.

Et lorsque pour soutenir la lutte elle est contrainte à descendre son fret aux plus extrêmes limites, elle se verrait exposée à un retard, à une prolongation de route forcée.

Le Gouvernement, justement touché de la situation pénible de la navigation, et convaincu qu'il importe aux intérêts publics de maintenir cette concurrence en face des chemins de fer, améliore les canaux, les fleuves, les rivières, supprime les tarifs, fait en un mot ce qui dépend de lui pour conserver une industrie digne de toute sa faveur.

Pour le bas Rhône spécialement, des améliorations notables sont projetées ; ne pouvant vaincre la difficulté des embouchures, on voudrait essayer de la tourner, on songe à détruire l'obstacle des hauts fonds d'Arles à la mer. Eh bien, c'est dans de telles circonstances que pour le plaisir de créer une ligne de chemin de fer, doublure inutile d'une autre ligne, on viendrait jeter un barrage entre la mer et le Rhône ! Après la passe qu'a faite la nature on viendrait opposer à la navigation la gêne et le danger d'une passe artificielle ! Nous n'avons pas besoin de signaler un à un les inconvénients d'un tel état de choses.

Un navire arrivera avec un temps favorable ; au lieu de trouver la passe ouverte il sera forcé de s'arrêter jusqu'à ce que le train attendu et par fois en retard soit passé. Pour éviter une ligne d'écueils dressée devant lui, et poussé par le vent et le courant, il sera contraint de jeter l'ancre et de se filer ; et si, comme cela arrive souvent, c'est un convoi de 8 à 10 navires qui demande à sortir, quelle longueur pour les derniers placés ; le vent peut changer avant que la manœuvre soit accomplie. Il faut admettre l'existence de 2 passes, l'une ouverte au vent du Nord-Ouest, l'autre au vent du Sud-Est. Par les perturbations fréquentes que chaque grande crue produit dans le lit du fleuve, les passes peuvent aisément s'envaser, ce n'est plus un simple retard c'est une interruption indéfinie.

Ainsi au lieu des améliorations si ardemment désirées, si impatiemment attendues, la marine d'Arles trouverait par le fait de la ligne du littoral une concurrence écrasante et de nouvelles gênes volontairement créées.

Cela ne peut pas être. D'avance, le Conseil général des ponts et chaussées et le Comité consultatif des chemins de fer se sont prononcés contre tout viaduc sur ce point, et le Gouvernement si juste de l'Empereur ne saurait autoriser une telle inconséquence.

Observations particulières sur l'embranchement de Lunel à Arles.

Cet embranchement dessert la Camargue où il pénètre un peu en amont de Saint-Gilles ; il met ce beau territoire agricole en communication avec une série de localités du Gard et de l'Hérault aussi riches que populeuses, qui pourront y faire un échange avantageux de produits. Avignon, Marseille, Nimes et Montpellier seront par ce moyen aussi rapprochés du centre de la Camargue que l'était autrefois Arles lui-même.

Une fois les deux bras du fleuve traversés, rien de plus facile et de moins coûteux que l'établissement d'un rail-way sur cette plaine toute unie. Nous ne croyons pas nous tromper en prévoyant l'instant prochain où des chemins de fer particuliers s'établiront pour le service de ces grandes exploitations agricoles et de ces établissements industriels, mais dès à présent l'embranchement de Lunel sera d'un secours précieux pour l'amélioration de nos chemins en nous apportant à peu de frais le balast du plateau de Saint Gilles.

La ville d'Arles, dans son intérêt et dans celui de la Camargue, doit donc appeler de tous ses vœux l'embranchement de Lunel.

(Suit une objection de détail, relative à la création d'une chaussée insubmersible.)

Par toutes les considérations qui précèdent, votre Commission vous propose de délibérer :

1° Qu'il y a lieu de repousser la ligne littorale de Cette à Marseille ;

2° Que les projets de la Compagnie de Paris à Lyon et à la Méditerrannée doivent être adoptés et exécutés le plus tôt possible ;

3° Que l'embranchement de Lunel à Arles doit être établi à niveau du sol dans sa traversée de la Camargue en consolidant la chaussée du petit Rhône depuis Fourques jusqu'au viaduc sur le petit Rhône, au moyen d'un perré maçonné semblable à celui de la chaussée de la Pointe.

Le Conseil, ouï ce rapport, et après une discussion approfondie, en adopte les conclusions à l'unanimité moins une voix.

Observations des Capitaines marins d'Arles.

Inconvenient du viaduc projeté par la Compagnie du Midi sur le bas Rhône.

La navigation fluviale sur le bas Rhône étant considérée comme navigation maritime, il est anormal d'y créer une entrave par la construction d'un pont, même tournant, qui engendrerait des difficultés et des inconvénients nombreux que nous allons énumérer succinctement.

Article premier.

A la descente, les navires obligés de louvoyer ne pourraient nécessairement le faire et seraient forcés de mouiller ou de prendre terre, bien en amont du pont. Cet inconvénient serait double avec un radeau en remorque.

De là, retard préjudiciable au commerce, perte de temps et danger pour la navigation.

Art. 2.

Il pourrait arriver, et il arriverait certainement, qu'en maintes circonstances, dans une crue du fleuve, par exemple, un déplacement de haut-fond viendrait obstruer précisément la passe, ou les passes des navires, de manière à n'y laisser parfois que cinquante centimètres d'eau de profondeur.

Le passage dans une rivière telle que le Rhône n'est jamais stable ; il est subordonné aux conséquences des crues, aux actions combinées et quelquefois contraires des vents ou des courants.

Art. 3.

Aux points où reposeraient les fondations des arches, il se formerait, occasionné par divers remous, un dépôt de sable ou de vase, lequel, peu à peu, se prolongeant, soit en aval, en amont ou en travers, finirait par former une ou plusieurs barres qui seraient un empêchement et un embarras pour la navigation, et pourraient, d'un moment à l'autre, obstruer complétement la vraie passe, soit qu'elle se trouvât au milieu du pont ou sur les rives.

Art. 4.

La perte de temps occasionnée par le mouillage ou l'accostage des navires venant d'Arles ou s'y dirigeant, n'est pas le moindre inconvénient résultant de la formation de ce pont. Poussé par un fort vent de Nord-Ouest, très-fréquent dans nos parages, ou même par les eaux croissantes et bourbeuses du fleuve, un navire dont les ancres chasseraient ou dont les chaînes et les cables auraient cassé, viendrait inévitablement se briser à travers les piles du pont; il démâterait ou chavirerait, si, par hasard, il enfilait une des arches.

Art. 5.

Les navires stationnant aux embouchures pour attendre le moment favorable de leur sortie ne pourront, la nuit, comme il arrive souvent, changer de place ou de position, et venir chercher plus haut dans la rivière un abri contre le vent et la houle de Sud-Est, entrant par les passes et venant déferler avec fureur sur le rivage, et couvrir de ses embruns le navire non prévoyant qui se hâte alors de fuir devant la tempête, mais il sera arrêté par la barrière élevée sur sa route.

Nota. Le pont se faisant beaucoup au-dessus de Chamone, même dans tout le parcours du Rhône jusqu'à Arles, présenterait toujours les mêmes inconvénients et les mêmes gênes pour la navigation, comme nous le faisons remarquer dans cet aperçu.

Art. 6.

La navigation de nuit, à la vapeur ou à la voile, serait aussi complétement interrompue, même avec beau temps, soit à la descente, soit à la montée, en admettant même que l'on voulût ouvrir le pont pendant la nuit.

Ces sortes de manœuvres, difficiles, lentes, et toujours dangereuses enp lein jour, deviennent presque impossibles dans l'obscurité.

Art. 7.

Un navire venant des embouchures avec beau temps, jolie brise d'Est ou de Sud-Est, vents favorables pour remonter le fleuve, serait donc contraint de mouiller ou d'accoster en aval du pont pour attendre le moment de son ouverture, qui serait plus ou moins tardif, et comme ordinairement en rivière on navigue par convoi de cinq, dix ou quinze navires, afin de profiter du beau temps pour donner dans les passes, il en résulterait nécessairement que les derniers resteraient tout le jour à attendre leur tour pour pouvoir franchir le pont. Pendant ce temps perdu inutilement, le vent, qui était frais et favorable, peut mollir ou changer; les premiers navires arrivés au pont, à quelques heures d'intervalle des derniers, pourraient être rendus à destination, tandis que ceux-ci verraient leur voyage retardé de plusieurs jours, peut-être même de plusieurs semaines.

Nous estimons que la perte de temps occasionnée par le passage du pont serait d'une heure environ pour chaque navire, en admettant toutes les circonstances favorables à la navigation.

Les mêmes considérations de cet article peuvent également s'appliquer aux navires de descente.

Art. 8.

La construction du pont susdit projeté, serait aussi un nouvel obstacle à l'endiguement et à la prochaine canalisation du bas Rhône, lorsque la création du canal Saint-Louis sera opérée. D'après ces projets, les navires de quatre mètres de calaison pourront aisément passer par ce canal; or, il est peu probable, d'après les raisons alléguées plus haut, qu'il y ait constamment un pareil tirant d'eau à la passe du pont.

Art. 9.

La création d'une ligne ferrée sur le littoral, entre Cette et Marseille, est la ruine immédiate et absolue du cabotage à vapeur ou à voile entre ces deux ports, ainsi que

10

de celui des ports d'Arles, de Bouc et des Martigues, quoi qu'en puisse dire la Compagnie des chemins de fer du Midi, qui n'a sans doute pas consulté, à ce sujet, les marins caboteurs des susdits ports.

Par les diverses considérations énoncées ci-contre, nous soussignés, Capitaines, Marins, Pilotes et Matelots du port d'Arles, approuvons le projet du chemin de fer d'Arles à Lunel par la Compagnie de Paris à la Méditerranée, ayant le point d'intersection du Rhône à *Arles même*.

Considérons, en outre, que la construction d'un pont quelconque sur le bas Rhône serait non-seulement un obstacle, mais un danger sérieux et permanent pour la navigation maritime de notre port.

Conseil municipal d'Aubagne.

(ARRONDISSEMENT DE MARSEILLE.)

———

14 Septembre 1862.

———

Le Conseil :

Considérant qu'au point de vue général les propositions de la Compagnie de Paris à la Méditerranée donnent toutes les satisfactions désirables au moyen de l'embranchement d'Arles à Rodez passant par Lunel, de celui de Saint-Gilles au Pas-des-Lanciers, par le chemin direct de Marseille à Aix et par celui d'Aubagne à Fuveau, devant se relier à celui d'Aix sur Draguignan et l'Italie ;

Que l'engagement par la Compagnie de Paris à la Méditerranée d'accepter, sans rupture de charge, les voyageurs et les marchandises venant de Bordeaux et autres points, par le chemin du Midi, moyennant le même tarif et un égal degré de vitesse, dès que la Compagnie du Midi aura posé sa seconde voie, que cet engagement, disons-nous, rend inutile la création d'une voie nouvelle ;

Considérant que le Gouvernement, en concédant aux Compagnies des réseaux limités a eu en vue d'assurer à chacune d'elles les éléments nécessaires à sa prospérité, en prévenant ainsi les conséquences désastreuses de la concurrence qui, dans l'espèce, ne saurait présenter les avantages qu'elle procure ordinairement ;

Considérant qu'une partie notable de la fortune publique se trouvant engagée dans ces entreprises, il importe d'autant plus de prévenir tout ce qui pourrait porter atteinte à leur bon fonctionnement ;

Considérant que la ville d'Aubagne a un grand intérêt à ce que soit exécuté l'embranchement par Fuveau qui la mettra en communication plus directe avec les Alpes, la ligne d'Aix et l'Italie ;

Le Conseil, à l'unanimité, émet le vœu que le Gouvernement donne la préférence aux propositions faites par M. Talabot, au nom de la Compagnie du chemin de fer de Paris à Lyon et la Méditerranée, à la charge expresse par cette Compagnie d'exécuter, dans le plus bref délai, les embranchements promis, et principalement celui d'Aubagne à Fuveau , Aix et Saint-Maximin, dès que la concession lui en sera faite.

Conseil municipal de Roquevaire

(ARRONDISSEMENT DE MARSEILLE.)

———

18 Septembre 1862.

———

La parole est donnée à M. Morel qui fait le rapport suivant :

La ville de Roquevaire n'a pas la prétention de s'immiscer dans le débat qui s'est élevé entre les Compagnies des chemins de fer du Midi et de la Méditerranée au sujet de la nouvelle voie de Cette à Marseille, bien que toutes ses sympathies soient pour les propositions Talabot.

Mais étant le chef-lieu d'un canton qui se compose de six communes essentiellement agricoles et industrielles, et comme le centre vers lequel convergent une grande partie des intérêts de la magnifique vallée de l'Huveaune, elle a le devoir de faire consigner ses réclamations dans l'enquête ouverte en ce qui concerne les nouvelles voies ferrées à établir dans le département des Bouches-du-Rhône.

Que la ville d'Aix ait déjà obtenu un embranchement de chemin de fer; que le Gouvernement et le département lui aient alloué des fonds considérables pour réparer ou embellir ses édifices, qu'il la dote d'un canal qui déversera avec abondance ses eaux sur son territoire, la commune de Roquevaire n'en saurait être ni blessée ni jalouse : elle reconnaitra avec plaisir que ces faveurs inouïes prouvent que dans l'ancienne capitale de la Provence il existe encore des hommes qui savent parler et se taire à propos ; mais que se posant en enfant gâté elle veuille faire passer ses convenances ou ses caprices avant l'intérêt général, c'est là une prétention qui ne saurait être admise.

Que veut en effet la ville d'Aix, en demandant la priorité de l'exécution d'un tracé direct entre elle et Marseille? Certainement son orgueil serait blessé par la supposition qu'elle aspire à devenir un faubourg de Marseille. En quoi peuvent souffrir ses intérêts commerciaux? Ses huiles et ses amandes se vendent-elles moins bien pour n'arriver que dans deux heures sur le grand marché? Assurément non.

Ce qui préoccupe cette ville aux priviléges, c'est, à n'en pouvoir douter, la crainte de perdre le privilége des assises dont les sessions lui assujettissent un grand nombre de jurés de Marseille : car soit que l'on suive le tracé du chemin de fer par Gardanne, soit que l'on étudie celui par le col du Pin, on cherche vainement à découvrir dans leur parcours des usines et des voyageurs.

Il est vrai que la ville d'Aix ne se préoccupe pas de ces faibles détails. Il faut avant tout que l'on arrive promptement chez elle.

Aix ne veut pas sans doute priver Roquevaire d'une voie ferrée ; mais qu'on fasse d'abord la sienne : il la lui faut et promptement.

La commune de Roquevaire ne connaît point l'égoïsme ; son intérêt se trouve lié à celui de la vallée de l'Huveaune, et comme motif de continuer la voie ferrée d'Aubagne par son canton et de la prolonger par Fuveau jusqu'à Aix.

Elle avance et est prête a prouver :

1° Qu'il y a intérêt pour **28,000** habitants de cette vallée à ce que l'on exécute cette voie ;

2° Que cette voie est réclamée pour les produits agricoles, et par ceux de **156** usines ou fabriques. Et parmi les industries on peut citer des huileries, papeteries, tanneries, filatures de soie et de coton, savonneries. verreries, distilleries, produits chimiques, etc., etc. ;

3° Que les mines de houille de Peipin, Gréasque, Saint-Savournin, Auriol, etc., dont l'exploitation ne peut se développer à cause de la difficulté actuelle du transport, fournissent néanmoins des masses d'un charbon très-utilement employé, quoi qu'on ait pu dire, pour la marine de guerre, la marine marchande et les usines ;

4° Qu'à Marseille le Conseil municipal, la chambre de commerce et le Conseil général du département ont reconnu l'utilité de cet embranchement ;

5° Que les principales communes des départements des Alpes et du Var en sollicitent l'exécution ;

6° Que notamment le Conseil général du département du Var, dans sa dernière session, renouvelant le vœu par lui émis en 1860, insiste pour la prompte exécution de cette voie en la considérant par rapport à Toulon au point de vue stratégique.

Sans faire la nomenclature des autres corps constitués qui se réunissent pour reconnaître et demander la prompte exécution d'une voie d'utilité générale, tant sous le rapport commercial qu'au point de vue militaire, nous proposons de délibérer :

En premier lieu, que la voie de communication entre Aubagne et Aix par Roquevaire et son canton sera réclamée d'urgence et par priorité.

En deuxième lieu, que cette voie, en ce qui concerne Roquevaire et les mines du canton, sera exécutée simultanément avec le chemin direct qui pourrait être attribué à la ville d'Aix par une autre ligne.

LE CONSEIL MUNICIPAL,

Ouï le rapport qui précède,

Délibère, à l'unanimité, qu'il y a lieu d'adopter ce rapport dans tout son contenu et de le convertir en délibération.

Conseil municipal de Saint-Chamas.

----

25 Septembre 1862.

Le Conseil municipal :

Considérant que le chemin de fer projeté par la Compagnie du Midi, passant par le littoral de la Méditerranée, ne traverse que des pays presque déserts et que trois villes seules sont appelées à en profiter ;

Considérant que l'établissement du viaduc dans la partie basse du Rhône pourrait avoir pour effet d'entraver les navigations fluviales déjà très-difficiles dans certaines parties de l'année ;

Considérant que les localités à desservir par le projet présenté par la Compagnie du Midi le seront également par les embranchements à construire par la Compagnie de la Méditerranée, dans des conditions au moins égales sinon meilleures, et que du reste les projets de cette dernière Compagnie répondent mieux à l'intérêt général en traversant une plus grande étendue de pays ;

Que cette Compagnie offre par ses antécédents toutes les garanties désirables pour une bonne et prompte exécution des travaux,

Le Conseil municipal émet le vœu que le Gouvernement donne la préférence à la Compagnie de la Méditerranée, et que les divers projets qu'elle présente soient favorablement accueillis.

Conseil municipal de Saint-Remy.

10 Septembre 1862.

M. le Maire, prenant la parole, expose au Conseil que sa réunion a pour objet de formuler le dire de la commune de Saint-Remy dans l'enquête ouverte sur les propositions respectives des Compagnies du Midi et de la Méditerranée, à l'effet d'établir une deuxième voie ferrée aboutissant à Marseille.

Après avoir fait connaître au Conseil les raisons qui lui paraissent exister en faveur de la Compagnie de la Méditerranée, M. le Maire engage le Conseil à délibérer.

Le Conseil municipal,

Vu l'arrêté de M. le Sénateur, en date du 18 août 1862 ;

Considérant que le mouvement toujours croissant entre Marseille et le reste de la France rend de jour en jour plus insuffisant l'unique débouché sur cette place par le tunnel de la Nerthe ; — qu'une nouvelle ligne est indispensable aux besoins généraux de la circulation ;

Considérant que le chemin par le littoral, proposé par la Compagnie du Midi, indépendamment des nombreux inconvénients résultant de sa situation topographique, ne dessert que le mouvement commercial entre Bordeaux et Marseille ;

Que ce mouvement doit d'ailleurs retirer un avantage équivalent de l'établissement d'un embranchement de Lunel à Arles, proposé par la Compagnie de la Méditerranée ;

Considérant que les propositions de la Compagnie de Paris à Lyon et à la Méditerranée répondent bien mieux aux besoins généraux du commerce, en demandant la concession d'un chemin direct d'Aix sur Marseille, auquel ira se souder le tronçon promis pour satisfaire aux puissants intérêts agricoles de notre pays, et qui deviendrait le complément de la ligne de Marseille par Aix ;

Qu'à l'aide du réseau qui entourerait ce chemin, on pourrait ultérieurement y rattacher :

1° Les intérêts commerciaux du Centre de la France, par la voie d'Orléans, de la vallée de la Loire, des Cévennes, sur Alais et Tarascon ;

2° Les intérêts du Nord de la France et de l'Europe, par la voie de Paris, Lyon, Avignon et la vallée de la Durance ;

3° Ceux du Nord-Est par Grenoble, Gap et la vallée des Alpes ;

Considérant, enfin, que ce chemin direct aurait l'avantage d'ouvrir une deuxième voie d'Aix sur Toulon, Nice et l'Italie, sans passer par Marseille, tandis que le chemin par le littoral va s'acculer dans l'impasse de l'Estaque.

Emet, à l'unanimité, le vœu que le Gouvernement, dans cette grande question, donne la préférence aux projets de la Compagnie de Paris à Lyon et à la Méditerranée sur ceux de la Compagnie du Midi.

GARD.

Conseil général du Gard.

Conseil municipal de Nîmes

Conseil municipal d'Uzès.

Conseil municipal de la Grand-Combe.

Conseil général du Gard.

29 Août 1862.

Le Conseil général,

Vu la dépêche de Son Excellence le Ministre des travaux publics prescrivant la mise à l'enquête des projets présentés par la Compagnie du Midi, pour une ligne directe de Cette à Marseille par le littoral, avec un embranchement dirigé de la ligne d'Agde à Lodève vers Montpellier, et de Montpellier vers le Grau-de-Pérols, et par la Compagnie de Paris à Lyon et à la Méditerranée comprenant :

1° Une ligne de Lunel à Arles, par Saint-Gilles ;

2° Une deuxième ligne de Marseille à Aix, avec une nouvelle gare à Marseille ;

3° Un embranchement dirigé de la gare de l'Estaque vers le nouveau port Napoléon, à Marseille ;

4° Une ligne de la station du Pas-des-Lanciers à Martigues et à Bouc ;

5° Un chemin de fer d'Aigues-Mortes à Lunel, prolongé jusqu'au Vigan ;

Vu les pièces communiquées par M. le Préfet, et notamment les dossiers des lignes mises à l'enquête, tant par la Compagnie du Midi que par celle de Paris à Lyon et à la Méditerranée ;

Considérant que le projet présenté par la Compagnie du Midi pour une ligne directe de Cette à Marseille par le littoral est tracé presque en entier dans des contrées désertes et inhabitables ;

Que les seules populations que cette ligne rencontre, savoir : Aigues-Mortes et Martigues, et la seule industrie qui puisse l'utiliser, celle des salins, sont beaucoup mieux desservies par les embranchements sur Aigues-Mortes et sur Bouc que propose la Compagnie de Paris à Lyon et à la Méditerranée ;

Que le chemin de fer projeté par la Compagnie du Midi, entre Cette et Marseille, serait submersible par les crues du Rhône sur une très-grande partie de son parcours ;

Qu'il serait coupé par un très-grand nombre de ponts tournants qui en rendraient l'exploitation irrégulière et dangereuse ;

Que ce projet suppose l'existence d'un viaduc sur le Rhône, très-peu au-dessus de l'embouchure de ce fleuve, ce qui entraînerait la suppression de la navigation maritime dans le bas Rhône ;

Considérant que la ligne de Lunel à Arles projetée par la Compagnie de Paris à Lyon et à la Méditerranée traverse des contrées riches et peuplées, pour lesquelles l'exécution de cette ligne serait un immense bienfait ;

Que si la distance de Cette à Marseille par la ligne de la Compagnie du Midi est plus courte d'environ 15 kilomètres, cette différence, insignifiante et compensée d'ailleurs par les pentes et rampes au moyen desquelles ce projet franchit la chaîne de l'Estaque, disparaît devant l'offre faite par la Compagnie de Lyon à la Méditerranée de ne compter dans la tarification que 160 kilomètres pour la distance de Cette à Marseille ;

Qu'en outre et relativement au trafic du bas Languedoc vers l'Aveyron, vers la vallée du Rhône et vers l'Est, la ligne d'Arles à Lunel l'emporte de beaucoup sur celle du littoral ;

Considérant, en ce qui concerne l'amélioration des communications entre Bordeaux et Marseille, amélioration que la Compagnie du Midi présente comme le but principal du prolongement de sa ligne jusqu'à Marseille, qu'il est constant qu'il n'a dépendu que de la Compagnie du Midi d'établir, entre ces deux grands ports, par les moyens universellement pratiqués entre les réseaux des Compagnies françaises, des relations aussi commodes et aussi économiques que pourrait le faire une Compagnie qui posséderait la ligne entière de Bordeaux à Marseille, et que, s'il n'en est pas ainsi, c'est uniquement parce que la Compagnie du Midi s'est refusée à tout arrangement conçu dans ce but ;

Que, d'ailleurs, la Compagnie de Paris à Lyon et à la Méditerranée, maintenant les propositions qu'elle a faites, à plusieurs reprises, à la Compagnie du Midi, prend l'engagement formel :

1° D'établir, d'accord avec la Compagnie du Midi, des trains de voyageurs directs de Bordeaux à Marseille, sans transbordement, dès que la deuxième voie de Cette à Bordeaux aura été posée ;

2° D'appliquer aux transports de marchandises, entre le réseau du Midi et Marseille, des tarifs communs dont la Compagnie du Midi règlera, à son gré, les prix et les conditions ;

Que les wagons de marchandises circulent sans difficulté d'un réseau à l'autre en France, et même de France à l'étranger, et que si la Compagnie du Midi fait exception sous ce rapport, c'est que les wagons de cette Compagnie n'ont pu, jusqu'à ce jour, à cause de leur dimension, circuler sur les autres lignes, et que cette difficulté se trouvera levée d'elle-même dès que la transformation de matériel, que la Compagnie du Midi déclare être en projet sur son réseau, aura été réalisée ;

Qu'il suit de ce qui précède qu'au moyen de ces concessions faites par la Compagnie de Paris à Lyon et à la Méditerranée, la Compagnie du Midi sera en mesure de recueillir, sans aucune dépense, tous les avantages avouables qu'elle peut attendre de la ligne unique qu'elle propose d'exécuter, et dont la dépense, évaluée par cette Compagnie à 48 millions, excédera certainement 60 millions ;

Considérant que les projets présentés par la Compagnie de Paris à Lyon et à la Méditerranée pour une deuxième gare à Marseille, et pour une deuxième ligne de Marseille à Aix, destinée à suppléer, au besoin, la ligne actuelle de Marseille à Avignon, satisfont à des intérêts pour lesquels la Compagnie du Midi ne peut rien et ne propose rien ;

Considérant que la concession de la ligne de Cette à Marseille à la Compagnie du Midi serait sans utilité publique, et qu'elle n'aurait d'autre résultat que de consolider le monopole que cette Compagnie exerce aujourd'hui entre Cette et Bordeaux, par suite de la réunion, dans ses mains, de la voie navigable et du chemin de fer ;

Qu'il est du plus grand intérêt, pour la prospérité de l'agriculture et de l'industrie du Midi de la France, que la situation toute exceptionnelle ainsi créée en faveur de la Compagnie du Midi soit modifiée, de manière à rendre à la libre circulation une des plus belles voies navigables de France, qui se trouve aujourd'hui en interdit ;

Qu'en présence des sacrifices faits par l'État pour racheter tous les autres canaux

français et pour y réduire les tarifs à des taux inférieurs de 50 à 80 0/0 à ceux
de la voie navigable de Cette à Bordeaux, il est impossible d'admettre que le Midi
de la France, qui supporte sa part de ces sacrifices, puisse seul rester soumis à
un régime funeste au progrès de son commerce et de son industrie ;

Considérant qu'il résulte aussi bien de l'examen des pièces soumises à l'enquête
que des débats antérieurs, que les seuls départements qui aient un intérêt réel et
direct engagé dans la question sont ceux du Gard et des Bouches-du-Rhône ;

Que le seul intérêt qu'ait, en réalité, le département de l'Hérault dans ce débat
se trouve satisfait par l'offre que fait la Compagnie de Paris à Lyon et à la Méditerranée d'exécuter la ligne de Montpellier à Milhau, aux conditions proposées par
le Gouvernement, et qu'en dehors de cet intérêt, il est impossible de s'expliquer la
grande faveur qu'a rencontrée, à Montpellier, le projet de la Compagnie du Midi,
qui causerait, d'ailleurs, de grands préjudices à plusieurs parties de ce département,
et principalement aux villes de Cette, de Lunel et de Ganges ;

Qu'en ce qui concerne le département de l'Aveyron, les intérêts de ce département sont pleinement satisfaits par l'exécution, arrêtée en principe et acceptée par
la Compagnie de Paris à Lyon et à la Méditerranée, des deux lignes de Milhau
à Lunel et de Milhau à Montpellier ;

Que, relativement aux autres département du Sud-Ouest qui ont été mêlés au
débat, l'agitation qu'on a cherché à créer dans ces départements est factice et n'a
été motivée que par des assertions inexactes ou par des promesses illusoires, — et
l'intérêt prétendu de ces départements dans la question n'a pu, malgré tant d'efforts, être formulé d'une manière intelligible ;

Considérant que le Conseil des ponts et chaussées et le Comité des chemins de
fer, en émettant un avis contraire à la mise à l'enquête de la ligne de Cette à Marseille, ont donné aux objections que cette ligne soulève une gravité que rien ne
saurait atténuer ;

Considérant qu'il est à la connaissance du Conseil général que la question du
chemin de fer de Cette à Marseille tient en suspens la concession de plusieurs lignes
importantes pour les départements qu'elles sont destinées à desservir ;

Que pour ce qui concerne en particulier le département du Gard, l'exécution
des lignes de Lunel à Milhau et à Rodez, d'Alais à Livron, d'Aigues-Mortes à Lunel
et à Uchaud, est subordonnée à la décision qui sera prise sur cette question ;

Considérant que le système qui a présidé à la répartition actuelle des réseaux entre les grandes Compagnies françaises est la meilleure garantie du prompt achèvement de ces réseaux;

Que ce système, sans exclure les concurrences que motiveraient de graves considérations d'utilité publique, et tempéré qu'il est par la surveillance du Gouvernement sur les tarifs et par les abaissements des droits sur les voies navigables, exclut absolument les tentatives d'invasion ou de concurrence qui n'auraient d'autre motif que l'intérêt privé, et d'autre but que l'envahissement;

Que toute infraction à cet état de choses ébranlerait très-sérieusement le crédit des Compagnies, compromettrait ainsi l'œuvre dont elles sont chargées et ne saurait manquer de réagir sur le crédit de l'État lui-même;

Que particulièrement, en ce qui concerne le chemin de fer de Cette à Marseille par le littoral, les considérations invoquées sont bien loin de justifier la dérogation au système des réseaux qu'impliquerait la concession de cette ligne à la Compagnie du Midi;

Espérant donc que les pouvoirs publics ne voudront pas courir de si grands risques pour un intérêt aussi problématique,

Est d'avis;

Que le Gouvernement veuille bien concéder à la Compagnie de Paris à Lyon et à la Méditerranée les chemins sur lesquels il vient d'ordonner une enquête, savoir:

1° Une ligne de Lunel à Arles, par Saint-Gilles;

2° Une ligne directe de Marseille à Aix, avec une nouvelle gare à Marseille;

3° Un embranchement dirigé de la station de l'Estaque vers le nouveau port Napoléon à Marseille;

4° Une ligne de la station du Pas-des-Lanciers à Martigues et à Bouc;

5° Un chemin d'Aigues-Mortes à Lunel, prolongé jusqu'au Vigan;

Et aussi :

Supprimer, ainsi qu'il l'a fait pour tous les autres canaux de l'Empire, le monopole, si funeste aux intérêts des populations, dont jouit la Compagnie du Midi, en concentrant dans ses mains l'exploitation du chemin de fer et des deux canaux : le canal latéral à la Garonne et le canal du Midi.

Conseil municipal de Nîmes.

12 Septembre 1862.

Le Conseil municipal de Nîmes, appelé à produire son avis sur les propositions multiples des deux compagnies du Midi et de Paris à la Méditerranée, pour le tracé de nouvelles lignes de chemin de fer de l'Ouest à l'Est entre Cette et Marseille,

Se référant aux observations qu'il a déjà exprimées :

1° Dans sa délibération du 8 février 1862, pour l'exécution du chemin de fer de Rodez à Marseille, par le Vigan et la vallée du Vidourle ;

2° Dans sa délibération du 25 mars 1862, pour la prolongation de cette ligne entre Lunel et Arles, par Vauvert et Saint-Gilles, observations reproduites dans une adresse à S. M. l'Empereur, à la date du 14 juin 1862,

Confirme, dans tout leur contenu, ses opinions et ses vœux, tels qu'ils sont énoncés dans les actes susmentionnés, qu'il ne peut que corroborer par une manifestation plus explicite encore, dans le même sens favorable aux projets de la Compagnie de la Méditerranée.

La ville de Nîmes, à ne considérer que l'intérêt local, les devoirs que lui impose son titre de chef-lieu du département du Gard et les légitimes aspirations qui résultent de cette position, ne saurait hésiter dans ses sympathies entre les deux combinaisons projetées.

En effet, la Compagnie du Midi propose une ligne nouvelle de l'Ouest à l'Est entre Cette et Marseille, passant à Aignes-Mortes ou près d'Aigues-Mortes, touchant à peine au département du Gard, dont elle traverse la partie la plus étroite et la plus inculte, pour se jeter ensuite à travers les déserts de la Camargue.

La Compagnie de la Méditerranée, au contraire, propose :

1° Une voie, parallèle à la ligne de Lunel à Tarascon, traversant les territoires les plus riches et les plus populeux de l'arrondissement de Nîmes, et rattachant au chef-lieu deux centres considérables, Vauvert et Saint-Gilles ;

2° Une seconde ligne remontant la vallée du Vidourle et aboutissant au cœur des Cévennes, en reliant une multitude de cités laborieuses et de populations industrielles entre Lunel et le Vigan.

Les avantages évidents et considérables obtenus par ces dernières dispositions ne permettent pas au Conseil municipal de Nîmes d'hésiter un instant à s'y rattacher et à les appuyer fortement.

Mais à voir les choses de plus haut, et en dehors des considérations purement locales, il est impossible de ne pas reconnaître aussi que les propositions diverses de la Compagnie de la Méditerranée donnent pleine satisfaction à l'intérêt général et à tous les désirs avouables des populations du Midi de la France.

Toutes les améliorations réclamées par les cités du Sud-Ouest, pour les intérêts qui se prétendent en souffrance, sont accordées par la Compagnie de la Méditerranée.

La différence insignifiante de 15 kilomètres dans le parcours, au profit de la nouvelle ligne du littoral, est rachetée par l'engagement que prend la Compagnie de la Méditerranée de ne compter le parcours sur la ligne, entre Cette et Marseille, que pour une distance de 160 kilomètres, longueur du tracé par le littoral.

Une nouvelle entrée dans Marseille, dans la direction de la ville d'Aix, rend les encombrements impossibles et forme une tête de ligne tout à fait indépendante des lignes existantes.

On ajoute, dans le même but, un embranchement de la gare de l'Estaque sur les nouveaux ports de Marseille.

Des lignes de communication, dirigées du Nord au Midi sur Aigues-Mortes et les Martigues rattachent à la ligne principale les seuls points du littoral où il y ait nécessité d'aboutir.

Si la Compagnie du Midi n'était pas exclusivement préoccupée du désir d'introduire son réseau dans Marseille, elle aurait renoncé à ses efforts pour créer une agitation factice dans toute la contrée du Sud-Ouest, en essayant de prouver que les cités industrielles de ce côté de la France ne peuvent obtenir de satisfaction que par l'adoption du nouveau tracé qu'elle propose.

Elle n'aurait pas obstinément fermé les yeux sur les inconvénients et les dangers que présente sa ligne du littoral, parcourant constamment une plage déserte, entrecoupée de marais et d'étangs, barrant la navigation maritime du Rhône entre Arles et la mer, et exposée aux inondations de ce fleuve redoutable.

Appuyé sur cette double considération, que les projets de la Compagnie de la Méditerranée, en réalisant, pour le département du Gard en particulier, des avantages de la plus haute portée, donnent en même temps satisfaction à toutes les aspirations légitimes du commerce de Marseille et des intérêts du Midi de la France engagés dans le débat,

Le Conseil municipal de Nîmes

Exprime, à l'unanimité, le vœu le plus énergique en faveur des propositions de la Compagnie de la Méditerranée, et sollicite la prompte exécution de son entier programme, ainsi conçu :

1° Exécution d'une ligne de Lunel à Arles, par Vauvert et Saint-Gilles ;

2° D'une ligne directe de Marseille à Aix, avec une nouvelle gare à Marseille ;

3° D'un embranchement dirigé de la station de l'Estaque sur le nouveau port Napoléon, à Marseille ;

4° D'une ligne de la station du Pas-des-Lanciers à Bouc et à Martigues ;

5° D'un chemin de fer d'Aigues-Mortes à Lunel prolongé jusqu'au Vigan.

Le Conseil s'associe, d'ailleurs, dans l'intérêt de la commune de Nîmes, au vœu émis par le Conseil général du Gard, tendant à la suppression du monopole dont jouit la Compagnie du Midi, en concentrant dans ses mains l'exploitation du chemin de fer et des deux canaux latéral à la Garonne et du Midi.

Il exprime, en outre, le vœu que le Gouvernement veuille bien, pour compléter les communications qui doivent relier la ville de Nîmes avec les chefs-lieux d'arrondissement du Gard et des départements voisins,

Déclarer d'utilité publique et concéder à la Compagnie de **Paris** à la **Méditerranée** :

1° Un chemin de fer de Lunel à Rodez, par le Vigan ;

2° Un chemin de fer d'Alais à Privas, avec embranchement sur Aubenas ;

3° Un raccordement entre la ligne d'Alais à Nîmes et la ligne projetée de Lunel au Vigan, par Anduze ;

4° Un embranchement d'Uchaud à la ligne de Lunel à Arles, par Vauvert ;

5° Un embranchement reliant Uzès à la ligne d'Alais à Nîmes, à la station de Nozières.

Conseil municipal d'Uzès.

18 Septembre 1862.

Le Conseil municipal d'Uzès croit inutile d'examiner la question au point de vue des dangers et des inconvénients qui résulteraient pour les personnes et pour le transport des marchandises d'une ligne de chemin de fer de Cette à Marseille, par le littoral, qui serait établie sur un sol peu consistant, constamment exposé aux inondations du Rhône. Ces inconvénients et ces dangers, signalés par des hommes spéciaux très-compétents pour les apprécier, ont été mis en relief dans les délibérations des Conseils généraux des Bouches-du-Rhône et du Gard. Le Conseil municipal se borne donc à adopter tout ce qui a été dit dans ces délibérations à ce sujet.

Quant à la question d'intérêt général, le Conseil municipal ne voit pas que cet intérêt puisse se trouver dans l'établissement d'une ligne directe de Cette à Marseille, par le littoral, à travers un pays presque désert, inhabitable, qui consomme peu et produit moins encore; d'accord avec le Conseil général du Gard, il pense qu'un tel projet n'a été conçu par la Compagnie du Midi, qu'en vue de consolider et d'étendre le monopole qu'elle exerce sur le canal du Midi, de Cette à Bordeaux, disposant à la fois de ce canal et du chemin de fer.

En ce qui concerne les propositions de la Compagnie de la Méditerranée, le Conseil municipal a considéré qu'une ligne de Lunel à Arles, par Saint-Gilles, et une ligne directe de Marseille à Aix, auraient sur le projet de la Compagnie du Midi l'immense avantage de traverser des contrées riches, peuplées et industrieuses; que les embranchements de l'Estaque vers le nouveau port Napoléon, à Marseille, et de la station du Pas-des-Lanciers à Martigues et à Bouc, compléteraient ce magnifique réseau, tandis qu'un chemin d'Aigues-Mortes à Lunel, prolongé jusqu'au Vigan, ouvrirait des communications avec la région de l'Ouest; qu'en outre de ces avantages, la Compagnie de la Méditerranée prend l'engagement de réduire, par ses tarifs, pour les voyageurs et les marchandises, les prix du trajet de la nouvelle ligne de Marseille à Cette par Arles et Saint-Gilles, au taux du trajet direct entre Marseille et Cette;

13

qu'enfin la même Compagnie s'engage à établir, lorsqu'il y aura lieu, des trains directs de voyageurs de Marseille à Cette, Toulouse et Bordeaux ; que cette somme d'avantages donne satisfaction à tous les intérêts, et qu'il y a lieu, en conséquence, d'appuyer les propositions de la Compagnie de la Méditerranée ;

Que d'ailleurs, la ville d'Uzès, avec ses marchés très-importants, avec les richesses de son sous-sol ; la ville d'Uzès, centre d'une contrée productive très-considérable, se trouve naturellement intéressée au projet de la Compagnie de la Méditerranée, certaine qu'elle est, d'après le vœu qu'en a exprimé le Conseil général du Gard dans sa dernière session, d'être liée dans un avenir prochain aux chemins de fer de cette Compagnie, par un embranchement qui se raccorderait à la station de Nozières, ou à tout autre point jugé convenable.

D'après ces divers motifs, le Conseil municipal de la ville d'Uzès émet unanimement le vœu que les propositions de la Compagnie des chemins de fer du Midi, pour l'établissement d'*un chemin de fer direct de Cette à Marseille*, par le littoral de la Méditerranée, soient écartées ;

Et que les propositions de la Compagnie de la Méditerranée, pour une ligne de Lunel à Arles par Saint-Gilles et une ligne directe de Marseille à Aix, avec les embranchements et prolongements spécifiés ci-dessus, soient adoptées dans leur entier.

Le Conseil s'associe aux vœux émis par le Conseil général du Gard et par le Conseil municipal de la ville de Nîmes pour la suppression du monopole exercé par la Compagnie du Midi sur les deux canaux latéraux à son chemin de fer ;

Il émet, de même que ces Conseils, le vœu que le Gouvernement veuille bien déclarer d'utilité publique et concéder à la Compagnie de la Méditerranée :

1° Un chemin de fer de Lunel à Rodez, par le Vigan ;

2° Un chemin de fer d'Alais à Privas, avec embranchement sur Aubenas ;

3° Un raccordement entre la ligne d'Alais à Nîmes, et la ligne projetée de Lunel au Vigan par Anduze ;

4° Un embranchement à la ligne de Lunel à Arles, par Vauvert ;

5° Un embranchement reliant Uzès à la ligne d'Alais à Nîmes, à la station de Nozière, et se dirigeant d'Uzès à Beaucaire, comme auxiliaire et dégagement de ladite ligne d'Alais à Nîmes, dans le grand avenir que lui prépare la jonction de la ligne de Brioude.

Conseil municipal de la Grand-Combe.

21 Septembre 1862.

Considérant, que le chemin de fer par le littoral proposé par la Compagnie du Midi, entre Cette et Marseille, ne dessert aucune localité importante ; qu'il traverse un pays sans usines ni culture, et qu'il rend impossible la remonte jusqu'à Arles, des bateaux de mer, qui en font un des ports les plus importants par le tonnage.

Considérant que la faible différence, 15 kilomètres, du parcours entre Cette et Marseille, qui existe entre ce projet et celui de la Compagnie de la Méditerranée, disparaît entièrement au point de vue de l'économie, par l'engagement que prend cette dernière Compagnie, de compter dès à présent le parcours de 160 kilomètres seulement, et que les propositions, pour éviter la rupture de charge à Cette, suffisent très-largement pour éviter les pertes de temps réellement préjudiciables ;

Considérant que le projet de la Compagnie de la Méditerranée dessert les localités d'Aigues-Mortes, de Bouc et Martigues au moins aussi bien que le ferait le projet de la Compagnie du Midi, et que l'embranchement de l'Estaque aux nouveaux ports satisfait aussi complétement à tous les besoins du commerce ;

Considérant, notamment, que cet embranchement rend très-facile l'embarquement des quantités considérables de tous les charbons à expédier par Marseille, tandis que le projet de la Compagnie du Midi est, pour les bassins du Gard et de la Loire, de la plus complète inutilité ;

Que, dès lors, les houilles de l'Hérault et de l'Aveyron, passant par le projet de la Compagnie de la Méditerranée et n'y payant pas plus qu'elles ne feraient par le projet de la Compagnie du Midi, celle-ci, si protectrice de la concurrence, devrait au moins donner aux houilles du Gard la faculté d'aborder aussi facilement la gare qu'elle projette d'établir aux environs des nouveaux ports, ce qu'elle est très-éloignée de faire ;

Considérant que le projet de la Compagnie de la Méditerranée a l'énorme avantage sur celui de la Compagnie du Midi, de créer au sud de Marseille une gare qui deviendra tête de ligne de la région Sud-Est et du chemin direct sur Aix, tout en desservant toutes les directions, même celles du Languedoc, tandis que la gare unique de la Compagnie du Midi ne desservirait que le Languedoc ;

Considérant que la Compagnie du Midi ne présente aucun avantage équivalent ;

Considérant que les griefs très-peu motivés, invoqués contre le tunnel de la Nerthe, sont sans aucun fondement, et que d'ailleurs les propositions de la Méditerranée lèvent toutes les difficultés à cet égard ;

Considérant que s'il s'est produit des encombrements dans les gares de la Méditerranée, ce n'est nullement parce qu'il y avait insuffisance de lignes, mais bien par défaut de matériel, et que ce n'est certainement pas la réalisation des projets de la Compagnie du Midi qui aurait aidé à empêcher ou à réduire cet encombrement, en faisant passer par Bordeaux des marchandises, qui, pour la très-majeure partie, étaient à destination de Lyon ou du Nord de la France ;

Considérant qu'il est du plus grand intérêt pour le département du Gard, que la ligne de Lunel à Milhau, par le Vigan, soit très-promptement exécutée ;

Considérant enfin, que la Compagnie de la Méditerranée donne beaucoup plus en dépensant moins que ne le ferait la Compagnie du Midi, pour exécuter un projet, dont l'utilité est très-contestable, et qu'il n'y a aucun avantage à gaspiller l'argent,

Émet le vœu

Que le Gouvernement donne la préférence aux projets de la Compagnie de Paris à Lyon et à la Méditerranée, et qu'il repousse ceux de la Compagnie du Midi ;

Emet, en outre, le vœu que le Gouvernement mette fin au monopole des transports entre Cette et Bordeaux, qui est dans les mains de la Compagnie du Midi, en séparant la concession du chemin de fer entre ces deux points, de celle du canal latéral à la Garonne et des canaux du Midi.

HÉRAULT.

Conseil municipal de Lunel.

Avis motivé du commerce de Cette.

Conseil municipal de Lunel.

---

15 Septembre 1862.

Le Conseil examine tour à tour la question dans ses précédents et dans ses transformations; il étudie ensuite les divers tracés en eux-mêmes, et dans leurs rapports avec les intérêts généraux du pays.

Ce qui se passait avant les projets du Midi.

Plusieurs années avant que la Compagnie du Midi fît connaître ses projets, l'Aveyron, le Gard et l'Hérault étudiaient, aux frais des départements, aidés de subventions de l'État et de souscriptions particulières, le moyen de combler la lacune regrettable qui existe entre le Grand-Central et le chemin de la Méditerranée.

Le chemin de Rodez à la Méditerranée occupait seul les populations.

Les populations pouvaient être divisées sur la direction du tracé, mais tout le monde était unanime pour approuver, en principe, l'indispensable nécessité de l'entreprise.

Des députations des trois départements demandaient alors à l'Empereur de presser les études, d'ordonner les enquêtes, et s'en rapportaient à S. M. pour le choix du tracé, sachant bien que, comme toujours, elle ne s'inspirerait que de l'intérêt général du pays.

Ces vœux furent très-favorablement accueillis; les études furent activées. Les populations et les conseils du Gouvernement furent officiellement entendus, et l'on peut affirmer que le Corps législatif ne se serait pas séparé, en 1862, sans que S. Exc. M. le Ministre des travaux publics eût provoqué une solution, si les propositions de la Compagnie du Midi, en soulevant des questions graves et inattendues, n'eussent tout entravé.

Personne ne réclamait un second chemin sur Marseille.

Personne jusqu'alors n'avait songé à démontrer la nécessité d'une seconde ligne sur Marseille ; on trouvait intelligent de combler d'abord les lacunes avant d'améliorer les voies existantes.

Motifs du bon accueil fait aux propositions du Midi.

Avec l'esprit prompt et impressionnable de nos populations, on ne peut s'étonner de l'émotion produite dans le Sud-Ouest par une proposition qui donnait satisfaction à certains intérêts alarmés des résultats de l'enquête sur le prolongement du Grand-Central.

On ne se donnait pas le temps d'examiner s'il y avait convenance et sécurité à passer par la plage ; s'il y avait loyauté à attenter à des droits acquis, si on ne pouvait pas obtenir les mêmes facultés, de meilleures conditions même sans blesser la justice et en desservant mieux les intérêts généraux. On eût acclamé des propositions plus téméraires encore!...

Réaction produite par les propositions de la Méditerranée.

La Compagnie de la Méditerranée, voyant sa concession entamée et son crédit atteint, a présenté, à son tour, une série de propositions dont l'exécution donne satisfaction aux justes réclamations, à tous les intérêts engagés, et qui sauvegarde même les besoins de l'avenir.

Les intérêts exclusifs feignent de ne pas croire à la bonne foi de ces propositions.

Malheureusement ceux dont les promesses du Midi ranimaient les espérances exclusives ont eu la fausse gloire de rester fidèles à un premier mouvement irréfléchi, et pour ne pas se déjuger, ne veulent voir, dans les propositions de la Méditerranée, qu'une machine de guerre pour repousser un adversaire dangereux, lui supposant l'arrière-pensée de se soustraire à ses obligations après le péril, et c'est cette question de bonne foi qui seule attise la passion dans les esprits; c'est elle qui a poussé à ces périlleuses manifestations que la confiance, suivante ordinaire du bon droit, évite avec soin.

C'est faire injure au gouvernement de l'Empereur.

Le Conseil se demande si ce n'est pas faire injure au Gouvernement lui-même, que de douter de la bonne foi de propositions régulièrement souscrites et déposées entre ses mains? Ce serait, certainement, mettre en doute l'habileté et la prévoyance du Ministre des travaux publics, qui certes n'a pas besoin qu'on prenne sa défense....

La bonne foi de la Méditerranée ne peut être mise en doute.

Le Gouvernement est armé contre les deux Compagnies rivales, et il a les moyens de les forcer l'une et l'autre à remplir leurs engagements; et la Compagnie du Midi, après avoir exécuté le chemin du littoral qu'elle convoite, ne pourrait pas plus se soustraire à l'exécution du tracé de Lodève à Rodez, qu'elle accepte, à titre onéreux, que la Compagnie de la Méditerranée ne pourra se soustraire à l'exécution de ses engagements, quelque complexes qu'ils soient.

Le Conseil reste convaincu que si chaque département eût délibéré sur les deux propositions, en les considérant l'une et l'autre comme également sérieuses, ce n'est pas un partage qui se serait opéré dans les vœux, c'est infailliblement l'unanimité qui se fût prononcée pour les propositions de la Méditerranée; il suffit, pour cela, de les examiner de bonne foi.

Une seconde ligne sur Marseille n'a de raison d'être que si elle se dirige
vers le Nord.

La Compagnie du Midi a cru trouver un auxiliaire puissant dans la disette de 1861. Les blés étrangers accumulés, à Marseille, par la prévoyance de l'Empereur, ont nécessité l'emploi de tout le matériel roulant de la Méditerranée, et ont mis en retard des amas de marchandises diverses. La clameur générale avait sa raison d'être; mais le Midi, en exploitant ces clameurs en faveur de son tracé par la plage, a fait fausse route.

14

C'est vers le Nord qu'étaient dirigées les céréales qui encombraient la voie ; c'est vers le Nord que devaient cheminer les vins qui encombraient nos gares. Ce second chemin de dégagement, la Méditerranée l'offre, et peut seule l'exécuter.

Tracé d'Arles à Lunel. — Son utilité.

Il se dirige sur Aix, afin d'éviter, au besoin, le tunnel de la Nerthe, traverse le Rhône à Arles, anime et féconde la haute Camargue, dessert les plus riches vignobles, et, en se poursuivant, suit la ligne séparative du Gard et de l'Hérault, en se tenant à égale distance de Nîmes et de Montpellier, rend la vie aux Cévennes, et arrive droit sur Rodez, qu'il rapproche de Marseille plus qu'aucun chemin possible.

Le tracé qui lui est opposé est la continuation du chemin du Midi actuel, à partir de Cette jusqu'à Marseille par le littoral.

Ce que le Midi promet dans trois ans, la Méditerranée l'offre sans retard.

Le Conseil examinera la valeur de ce tracé en lui-même ; il étudie d'abord les avantages commerciaux que la Compagnie qui le réclame lui attribue. A entendre le Midi, le chemin du littoral a pour but d'abréger la distance, de faire cesser à Cette les inconvénients de rupture de charge, de changement de voie et de tarifs. Cette sollicitude l'honore ; mais la Méditerranée, en s'y associant, donne plus de satisfaction aux intérêts publics. En effet, en statuant que les marchandises de Bordeaux et la ligne seront reçues par elle aux conditions arrêtées par le Midi lui-même, et poursuivront leur route sans transbordement ni rupture de charge, et à raison de 160 kilomètres de Cette à Marseille, la Méditerranée met en pratique ce que propose le Midi, et ne fait pas revivre à Marseille l'inconvénient que le Midi veut supprimer à Cette, et qu'il ne fait que déplacer, impuissant qu'il sera toujours de traverser Marseille, et d'aller au delà. Il y a plus : ces avantages peuvent être mis en pratique sans retard et sans le sacrifice de plus de 60 millions qui, dans les mains de l'habile directeur du Midi, trouveront facile et plus heureux emploi.

Inconvénients et dangers du tracé par le littoral.

Mais en admettant des résultats également utiles, il convient surtout aux représentants d'une ville qui avoisine le littoral d'éclairer l'autorité supérieure sur les dangers que présente le tracé par la plage.

Le chemin de fer de Cette à Marseille suit un désert de sables entrecoupé d'eaux stagnantes et de marécages infects. On a dit, avec raison, qu'il gênerait la navigation maritime, que ses viaducs à ponts tournants étaient une entrave et un péril ; que le canon ennemi pouvait aisément balayer la voie ; que ses tunnels étaient percés dans le même roc que celui de la Nerthe. Mais ce que l'on n'a pas dit assez, et ce qui se voit bien souvent, c'est que le vent du mistral soulève en furieux tourbillons et déplace des dunes entières de sable, en sorte qu'en un instant la voie peut être obstruée et rendue impraticable. Plusieurs membres du Conseil ont vu bien souvent la mer recouvrir ces dunes, et plusieurs fois le Rhône débordé, se confondre avec la mer sur 20 kilomètres de parcours.

Il est un péril plus sérieux encore, et dont on n'a pas parlé du tout. C'est que la voie emprunte parfois un sol que les courants souterrains font *vaciller*, et que nos douaniers et nos gardiens de taureaux sauvages, rares habitants enfiévrés de ces tristes déserts, appellent en leur patois : LAS FRANTAIEYRÈS ! (terres mouvantes). Des digues s'y sont affaissées, des constructions de cabanes y ont été impossibles.....
Il faut n'être pas du pays, il faut n'avoir pas navigué et pêché sur ces plages converties en lac, n'avoir pas chassé dans ces marais nauséabonds, pour n'être pas effrayé des dangers si divers que cette voie rencontre fatalement.

La concurrence existe. — Le projet du Midi la rend impossible.

Mais la Compagnie du Midi est moins effrayée de ces dangers que de ceux que fait courir aux intérêts publics le monopole qu'exerce sa rivale........, et c'est en invoquant le principe tutélaire de la concurrence, qu'elle réclame, coûte que coûte, son terminus à Marseille.

Son argument ne vaut pas même son tracé.

La concurrence existe. Elle existe dans l'Hérault : c'est la navigation maritime et l'antagonisme des deux Compagnies à Cette qui la procurent. Elle existerait de Bordeaux à Cette, si les canaux et la voie de fer étaient administrés séparément. Et qui nous garantit que si le Midi arrive à Marseille, il ne fermera pas les ports après avoir stérilisé les canaux ? Il favorise aujourd'hui les transports par mer, mais quand son réseau touchera à Marseille, il opérera en sens contraire ; il se chargera des marchandises à un prix inférieur au frêt le moins rémunérateur, et, de ce jour, datera la ruine des ports de Cette et d'Agde ; *ce jour verra s'évanouir aussi la patriotique chimère du port maritime de Montpellier !*

La concurrence existe aujourd'hui ; elle cessera le jour où le Midi aura un pied dans Marseille.

La concurrence existe; l'agression imprudente du Midi, la réplique victorieuse de 'a Méditerranée peuvent être considérées comme de magiques effets de son action tutélaire.

Les propositions de la Méditerranée répondent à tous les besoins, satisfont tous les intérêts.

Chacune des propositions de la Méditerranée répond à un vœu du pays, à un besoin du commerce, tourne tous les obstacles, remplit toutes les lacunes, et forme, avec les voies existantes, l'ensemble le plus complet et le plus harmonieux.

Ce que l'Hérault sollicitait avec tant d'instances, le chemin de Montpellier à Lodève et Milhau, à défaut du Midi, est accepté par la Méditerranée.......

L'abandon du chemin de la plage ne peut laisser le moindre regret, puisque les avantages qu'il pouvait procurer se trouvent avec les inconvénients de moins dans les conditions souscrites par la Méditerranée, et dans le tracé de Lunel à Arles.

Le Midi ne donne satisfaction qu'à une partie du Sud-Ouest.

La Méditerranée enrichit toute la région méridionale.

Le Sud-Ouest les repousse par système.

Le Centre, les Bouches-du-Rhône, le Sud-Est le proclament, et si une partie du Sud-Ouest résiste à l'entraînement général, ce ne peut être que par méfiance, par exclusivisme ou pour rester fidèle à une première impression ressentie avant même que la Méditerranée eût exposé ses projets.

Cette contrée voudrait-elle conserver pour elle seule certains avantages particuliers? Le Conseil est plus sensible au malheur d'autrui, et en s'y associant, il croit rendre service au département de l'Hérault.

Il est de l'intérêt de l'Hérault de les voir se réaliser.

Montpellier n'est-il pas le grenier des Cévennes, et n'a-t-il pas le plus grand intérêt à s'en rapprocher?

Le Chemin de Lunel à Alais et la double direction d'Alais à Brioude et à Privas, ne rapprochent-ils pas le plus possible le centre de la France et les mines du Gard et de l'Ardèche des ports de l'Hérault? De même que le chemin de Lunel à Arles rapproche le plus possible Montpellier du Sud-Est.

Mais il n'est pire aveugle que celui qui ne veut pas voir.

Appel à l'arbitrage du Gouvernement.

Il est plus patriotique, au milieu d'un débat systématique et sans issue, de faire un loyal appel à l'arbitrage du Gouvernement, que les plus hautes lumières entourent, qui connaît la valeur des engagements et l'importance des propositions qu'une moitié de la France discute.

Le Conseil adopte cette résolution avec une respectueuse confiance.

Toutefois, pour se conformer à l'arrêté préfectoral qui réclame son avis, il déclare, à l'unanimité, repousser comme insuffisantes et dangereuses les propositions du Midi, et accepter unanimement celles de la Compagnie de la Méditerranée, parce qu'elles donnent au Sud de la France, région la moins sillonnée de chemins de fer, la plus large et la plus entière satisfaction.

Avis motivé du commerce de Cette.

---

30 Septembre 1862.

Considérant qu'il n'y a aucune connexion logique entre le chemin de Rodez à la Méditerranée, d'une part, et celui de Cette à Marseille, d'autre part;

Que la solidarité, que la compagnie du Midi a eu le soin d'établir entre ces deux voies de fer, n'est qu'une ruse de guerre destinée à ménager un grand nombre d'adhésions à son chemin littoral parmi les intérêts étroits de localité;

Que, dès lors, il convient d'examiner séparément, et indépendamment l'une de l'autre, les deux questions et la meilleure solution à leur donner.

En ce qui concerne le chemin littoral,

Considérant que ce chemin ne dessert que des lieux incultes et des marécages, et que la seule ville importante qu'il traverse, Aigues-Mortes, sera désintéressée par l'embranchement sur Lunel et le Vigan;

Que, s'il est vrai que le chemin actuel de Cette à Marseille, par Tarascon, offre un trop long détour, l'abréviation de Lunel à Arles, proposée par la Compagnie de la Méditerranée, donne satisfaction à ce besoin public;

Qu'ainsi redressé, ce chemin, qui traverse la Camargue et la Crau, est, à proprement parler, un chemin littoral, et que le deuxième chemin littoral que la Compagnie du Midi propose de construire constitue un double emploi dont il est difficile de comprendre l'utilité;

Que le nouveau chemin, par Lunel, Saint-Gilles et Arles, comportera tous les avantages, sans exception, que, par un singulier abus de polémique, on attribue exclusivement au chemin littoral, comme s'il existait une lacune entre Cette et Marseille, avantages que nous énumérerons tels qu'on les présente et sans en discuter la valeur :

— Abréviation (de 25 kilomètres) ;

— Complément de l'œuvre de Riquet, par une voie plus directe entre Marseille et Bordeaux ;

— Ligne continue entre l'Espagne et l'Italie ;

— Jonction et traversée du Rhône par une ligne de chemins de fer, au point le plus heureusement choisi, à Arles ;

— Fécondation de la partie la plus fertile et la plus peuplée de la Camargue.

Considérant, en outre, que le chemin de fer par Lunel et Arles n'aura pas, comme le chemin littoral, le grave inconvénient de gêner la navigation par deux ponts tournants, l'un à l'entrée de l'étang de Berre, l'autre sur le bas Rhône ;

Qu'en résumé, les seuls avantages réels qui appartiennent au chemin littoral, consistent à offrir en sus une abréviation de 15 à 20 kilomètres, et à établir l'unité d'administration entre Marseille et Bordeaux ;

Qu'une abréviation de 20 kilomètres n'est pas d'une grande importance, eu égard au parcours si considérable entre Marseille et Bordeaux ; que, d'ailleurs, les deux tracés seront sur le pied de la plus parfaite égalité, sous ce rapport, par l'offre que fait la Compagnie de la Méditerranée de ne compter qu'une distance de 160 kilomètres ;

Que l'unité d'administration est un argument sans valeur, parce qu'on pourrait l'invoquer à tous les points de contact de deux réseaux, et que son application rigoureuse ne tendrait à rien moins qu'à concentrer toutes les lignes de chemins de fer entre les mains d'une seule compagnie, ou à faire racheter tous les chemins par l'État, mesures qui seraient l'une et l'autre de véritables utopies ;

Que, d'ailleurs, l'unité d'administration n'est pas nécessaire pour faire disparaître les transbordements et les ruptures de charges dont se plaint la compagnie du Midi ; que ces inconvénients n'existent pas aux points de jonction des autres chemins de fer, et que, s'ils subsistent à Cette, la faute toute entière doit en être imputée à la Compagnie du Midi, qui a constamment refusé de souscrire aux arrangements que lui a proposés et que lui propose encore celle de la Méditerranée ;

Que les tarifs communs proposés par la même Compagnie, qui laisse à la Compagnie du Midi le soin de les régler à son gré, faciliteront, dans une mesure équitable, le développement du transit et du détournement, sur lequel cette dernière Compagnie paraît fonder de si grandes espérances ;

Que le refus péremptoire de la Compagnie du Midi d'adhérer à ces tarifs communs, et la prétention qu'elle élève de *manier les tarifs à son gré, entre Bordeaux et Marseille, sans intervention d'un intérêt étranger*, mettent à nu des intentions que l'équité réprouve, et qui seraient essentiellement hostiles au port de Cette.

Que, pour favoriser ce prétendu détournement, la Compagnie du Midi serait amenée à établir des prix égaux entre Bordeaux et Cette, d'une part, et Bordeaux et Marseille, d'autre part ;

Que par cette combinaison, la distance qui existe entre Cette et Marseille et qui seule a justifié la création du port de Cette vis-à-vis des départements de la région, serait supprimée, et que les navires, qui ont déjà tant d'avantages à se diriger sur Marseille, à cause des priviléges de ce port et de l'importance de son marché commercial, abandonneraient désormais le port de Cette ;

Que, tout en reconnaissant que la Compagnie du Midi caresse une chimère, en espérant réaliser sur d'aussi grandes proportions le détournement des marchandises qui empruntent le détroit, ainsi que cela a été parfaitement démontré par la chambre de Marseille, il n'en est pas moins vrai que les combinaisons de tarif adoptées à cette fin par la Compagnie du Midi auraient pour résultat direct de déplacer le transit qui se fait actuellement par Cette, et de le porter à Marseille ;

Que ce déplacement, qui est relativement fort important pour le port de Cette, n'aurait aucune influence sensible pour la prospérité du port de Marseille ;

Qu'il ne resterait pas même à Cette la ressource du cabotage existant, car une fois le chemin littoral construit, et la dépense faite, la compagnie du Midi aurait tout intérêt à faire une concurrence à mort au cabotage à vapeur ou à voiles, sauf après l'avoir anéanti, à relever ses tarifs à des prix excessifs, ainsi qu'elle a fait pour le canal du Languedoc ; qu'ainsi le port de Cette, dépouillé en même temps de son mouvement maritime direct, ainsi que de la navigation par cabotage, n'aurait plus devant lui que la ruine et la mort ;

Que la cessation de toute importation par le port de Cette frapperait au cœur la viticulture qui, dans les années d'abondance, exporte ses produits par le port de Cette, parce qu'elle n'y trouverait plus le matériel naval nécessaire au transport ;

Que le besoin de concurrence que la Compagnie du Midi invoque en faveur du chemin littoral est bien malheureusement choisi, car la concurrence entre Cette et Marseille existe sous toutes les formes — chemin de fer — bateaux à voiles — bateaux à vapeur. Tandis que la Compagnie du Midi, qui déclame tant contre le monopole, n'a eu au contraire rien de plus pressé, quand elle est devenue maîtresse du canal du Languedoc, que de fermer en quelque sorte cette magnifique voie de transport par l'exagération de ses tarifs, de même qu'elle se propose à l'avenir de supprimer le port de Cette, *en manipulant les tarifs à son gré*, ce qu'elle appelle, sans doute par pure dérision, *compléter* la grande œuvre de Riquet et de Louis XIV ;

Que l'encombrement du port et des gares de Marseille provient d'une accumulation de céréales, dont la destination est vers le Centre et le Nord de la France ; que l'encombrement de la gare de Cette et du chemin de la Méditerranée provient d'une accumulation de liquides, qui sont également dirigés sur le Centre et Paris, et qu'il y a dès lors aberration manifeste à supposer qu'un chemin littoral, qui va de l'Est à l'Ouest, puisse remédier, en quoi que ce soit, à ce double encombrement, que de nouvelles voies sur Paris pourront seules faire disparaître.

En ce qui concerne le chemin de Rodez à la Méditerranée,

Considérant que le chemin de fer doit aboutir naturellement au port de Cette qui en est plus rapproché que Marseille de cent cinquante kilomètres ;

Que les marchandises encombrantes, les matières minérales, les fers, les machines, ne peuvent s'exporter avec avantage que par le port de Cette ; que c'est seulement par ce port que les houilles de Graissessac et d'Aubin pourront faire concurrence aux houilles anglaises sur la Méditerranée, et que c'est une erreur de croire que les houilles de Graissessac pourront être amenées avec avantage sur le marché de Marseille, puisque, dans l'état actuel, elles ne peuvent même pas venir sur le port de Cette par chemin de fer, à cause des hauts prix de transport maintenus par la Compagnie du Midi ;

Qu'il convient, en conséquence d'établir ce chemin directement sur Cette, avec une bifurcation partant de Poussan ou de Montbazin et dont une branche se dirigerait sur Cette, et l'autre sur Montpellier ;

Qu'en n'exécutant pas la variante par le Gard, il y aurait lieu de donner aux populations de ce département un juste dédommagement, en construisant l'embranchement d'Aigues-Mortes à Lunel, prolongé jusqu'au Vigan ;

Qu'il y a, d'ailleurs, convenance à ce que les embranchements du Gard et des

Bouches-du-Rhône soient concédés à la Compagnie de la Méditerranée, et le chemin de Rodez sur l'Hérault à la Compagnie du Midi ;

Qu'en vain on objecterait que la Compagnie du Midi ne voudra pas consentir à exécuter le chemin de Rodez sans le littoral, que cette Compagnie, menacée aujourd'hui dans sa double possession du canal et du chemin de fer, s'estimera bien heureuse de sauver, par cette concession, son canal du Languedoc, et que, dans le cas où elle soumissionnerait le chemin de Rodez, on pourrait se borner à lui imposer une révision équitable de ses tarifs sur le canal,

Nous demandons :

1° Que le chemin littoral soit écarté ;

2° Que la Compagnie Lyon-Méditerranée obtienne la concession :

Du chemin de fer de Lunel à Arles ;

De l'embranchement d'Aigues-Mortes à Lunel, prolongé jusqu'au Vigan ;

Ainsi que des autres lignes qu'elle propose d'établir dans les Bouches-du-Rhône, y compris les nouvelles gares sur le port de Marseille, ladite Compagnie ayant déclaré que ces travaux répondent à des besoins distincts ;

3° Que la Compagnie du Midi obtienne à son tour le chemin de Rodez par Milhau, Cartels, Paulhan et Poussan, avec double embranchement partant de Poussan ou de Montbazin, l'un sur Cette, l'autre sur Montpellier ;

4° Que les tarifs du canal latéral et du canal du Languedoc soient amiablement revisés entre la Compagnie du Midi et l'État.

(Suivent 91 signatures des principales maisons de commerce de la ville de Cette, dûment légalisées.)

VAR.

Conseil général du Var.

Conseil municipal de Toulon.

Chambre de Commerce de Toulon.

Conseils municipaux : de Draguignan, de Lorgues, de Saint-

Maximin, de Brignoles.

Chambre consultative des Arts et Manufactures de Brignoles.

Conseil général du Var.

---

28 Août 1862.

MESSIEURS,

Le département du Var ne saurait rester étranger à la grande question qui intéresse les deux grands réseaux des voies ferrées de tout le Midi de la France, et qui divise en ce moment les deux Compagnies du Midi et de la Méditerranée. Nous voulons parler de la demande d'établir un chemin de fer direct de Cette à Marseille.

On a voulu d'abord en faire une question de principe et l'on a prononcé le grand mot de concurrence. Ce mot rappelle en effet le moyen le plus ordinaire et le plus puissant de forcer toutes les industries à s'améliorer, à marcher sans cesse vers le double but de leur perfectionnement qui se résume en deux mots : faire mieux, faire à meilleur marché. Mais si telle est la règle économique ordinaire, il est des situations exceptionnelles où l'application du principe n'amènerait que des résultats fâcheux et où le système protecteur peut seul être utile.

C'est cette idée qui prévalut en 1857, après qu'on eut discuté néanmoins et à fond le système contraire de la libre concurrence. On pensa qu'il fallait concentrer dans les mains de fortes Compagnies les divers réseaux à créer, pour avoir une garantie sûre qu'elles ne failliraient pas à leur œuvre.

Or cette œuvre est elle achevée ?

Elle est loin de l'être, surtout en ce qui concerne notre département.

Le Var attend encore beaucoup. Nous ne parlerons ni de la demande si souvent réitérée d'un embranchement de Toulon à Hyères, ni de la facilité qu'il y aurait, en faisant infléchir la voie des Alpes vers Rians, de faire profiter plus largement de ses bienfaits les bassins de Rians et de tout le Verdon. Nous n'entrerons pas dans ces détails, d'autant plus qu'un rapport spécial y est consacré.

Mais il est une ligne qui présente les caractères d'une utilité aussi urgente que multiple. C'est celle qui partant d'un point commun aux deux lignes déjà existantes d'Aubagne et d'Aix, soit Trest ou Fuveau, et passant par Saint-Maximin et Brignoles, irait rejoindre la ligne de Toulon sur l'Italie, au Luc ou à Vidauban.

Cette ligne ferait communiquer une grande partie de l'intérieur de notre département, entre autre tout le nord de l'arrondissement de Brignoles avec Marseille et Toulon par Fuveau, avec Paris, Lyon et le nord de la France par Aix. Elle serait en même temps la grande et la véritable voie d'Italie, car il suffit de jeter un coup d'œil sur la carte pour s'assurer qu'il n'est pas bon d'obliger les voyageurs et les marchandises venus de Paris, Lyon ou des Alpes, à aller toujours faire un grand détour à Marseille et à Toulon pour se rendre en Italie. Il faut à cet égard une ligne plus directe, partant plus courte et moins coûteuse. Or la plus naturelle est celle que nous avons décrite et qui, arrivant à Aix par Rognac ou mieux encore par la ligne de la Durance, continuerait par Fuveau, Saint-Maximin, Brignoles etc., etc. Ce tracé est déjà suivi en grande partie par la voie de terre dite route impériale d'Italie ; les indications théoriques sont ainsi confirmées par une expérience plus que séculaire.

Une remarque importante doit être consignée ici, c'est que pour que la voie dont il s'agit atteigne son double but d'utilité spéciale et générale, elle doit se raccorder à la ligne d'Aix à Marseille par Fuveau et Aubagne. Des trois variantes que la Compagnie a proposées pour commencer l'achèvement du réseau, la première donnant le tracé dit des Mille nous laisse tout à fait étrangers aux nouvelles créations ; c'est pour nous comme si elles n'existaient pas.

La seconde variante qui fait passer le tracé par Gardanne nous relierait, il est vrai, avec Marseille et Aix, mais elle a le tort de ne pas faire profiter Toulon de l'abréviation de parcours que doit produire l'achèvement du réseau. Elle ne permet en effet, ni à l'arrondissement de Brignoles, ni aux voyageurs et marchandises venus de Paris, Lyon ou des Alpes, d'aborder directement Toulon par Aubagne. Elle les oblige à aller faire constamment le tour à Marseille. Ce serait déjà une grande faute que d'exclure ainsi des bienfaits de l'abréviation du parcours le premier port militaire de la Méditerranée ; mais ce serait en outre éterniser une cause bien inutile d'encombrement dans les gares de Marseille qu'on veut alléger.

Il faut donc reconnaître, et il reste à conclure que la troisième variante, c'est-à-dire le tracé par Fuveau et Aubagne, peut seule réunir tous les avantages désirés. Elle doit dès lors être préférée comme produisant la plus grande somme d'utilité pour notre pays et pour l'Italie.

N'oublions pas d'ajouter que tout ce qui augmentera la facilité de nos communications avec l'Italie doit être pris d'autant mieux en considération que le présent et l'avenir concourent pour resserrer de plus en plus l'union entre les deux pays.

Mais ces travaux dont nous venons de donner l'indication sommaire, ces travaux que notre Provence et l'Italie attendent, qui les fera? Evidemment ce ne peut être que la Compagnie de la Méditerranée; elle peut seule en entreprendre et en achever l'exécution, car c'est là le complément de son réseau. Il n'est pas à croire qu'aucune autre pût ou voulût, et aucune n'a jamais prétendu vouloir s'y immiscer. La Compagnie de la Méditerranée, sans prendre un engagement formel et à échéance fixe, nous fait espérer que l'achèvement du réseau en ce qui nous concerne pourra avoir lieu dans un avenir non éloigné, et la force même des choses obligera à ne pas le retarder trop longtemps. Mais si cela est ainsi, nous avons autant d'intérêt qu'elle à ce que l'œuvre ne lui devienne pas impossible ou qu'elle ne languisse pas dans ses mains. Il ne faut pas l'affaiblir au Sud-Ouest pendant que vous la forcerez à dépenser et à produire au Sud-Est. En un seul mot, gardez-vous d'énerver ses forces si vous voulez qu'elle puisse achever sa course.

Il y a donc un intérêt bien marqué pour tout le Sud-Est de la France à soutenir la Compagnie de la Méditerranée contre les prétentions d'une Compagnie rivale. Quant à l'intérêt que sembleraient avoir d'abord le Languedoc et le Sud-Ouest, il est aujourd'hui effacé peut-être, ou du moins atténué par la grande simplification que les offres de la Compagnie de la Méditerranée ont apportée dans cette question. En offrant de faire un embranchement de Lunel à Arles qui supprime le détour de Tarascon, elle amoindrit de beaucoup la différence de longueur entre sa ligne ainsi amendée et la nouvelle ligne qu'on voudrait construire. Elle fait même disparaître tout à fait cette différence au point de vue pécuniaire en consentant à ne compter en taxe sur son parcours que les 160 kilomètres qu'occuperait la ligne directe de Cette à Marseille. Elle offre encore de faire circuler les wagons d'une Compagnie sur les rails de l'autre, et réciproquement, sans transbordement de marchandises ni rupture de charge. Elle propose d'établir un tarif unique de Marseille à Bordeaux, et poussant le bon vouloir aussi loin qu'il peut aller, elle déclare laisser la fixation du tarif aux soins exclusifs de sa rivale. Toutes ces offres faites publiquement et réitérées ont satisfait, ce semble, aux réclamations fondées que le Sud-Ouest pourrait faire entendre. Joignez que le Sud-Ouest a le même intérêt que nous sur un point. Il sera utile à tous que le Languedoc communique

16

avec notre département et l'Italie par l'embranchement de Lunel à Arles, plutôt que par la ligne directe de Cette à Marseille. Ce sera plus utile, en ce sens que les marchandises arrivées de Cette au port de Marseille et en destination pour le Var ou l'Italie, ou celles de l'Italie ou du Var en destination pour le Languedoc ou l'Espagne ne pourraient passer de la gare d'arrivée à la gare de départ qu'en étant portées par terre à travers Marseille. Des hommes pratiques et connaissant bien les lieux ont fait observer à cet effet qu'à moins de faire traverser Marseille par un chemin de fer, projet impossible vu la dépense qu'il coûterait, la communication entre les deux gares isolées et rivales ne sera possible que par terre. Si, au contraire les chargements du Languedoc sur Marseille sont faits par l'embranchement de Lunel à Arles, ceux qui ne devront que passer à Marseille pour aller dans le Var ou en Italie, arriveront naturellement à leur destination par l'effet de l'unité de ligne, et réciproquement.

Le projet d'établir un chemin de fer de Cette à Marseille a soulevé une autre question d'une plus grande portée ; celle-ci a préoccupé vivement et continue à préoccuper l'attention publique. Une seule voie sur Marseille, a-t-on dit, est insuffisante, et un encombrement pourrait se produire ; il s'est même produit une fois. En outre un accident possible dans le souterrain de la Nerthe suspendrait pendant un certain temps tout le mouvement commercial. La ligne de Cette s'offrait comme un supplément à ce double en cas.

Qu'elle eût produit ce résultat pour les expéditions du Languedoc, cela est exact ; mais Lyon, Paris et les Alpes, c'est-à-dire les trois quarts des parties intéressées, étaient exclus du bénéfice de cette ligne supplémentaire, car on ne peut pas attendre qu'elles iraient faire le tour par trop long à Cette.

Cela a donné lieu à la Compagnie de la Méditerranée de chercher, de trouver un moyen plus sûr et plus universel de parer aux inconvénients de la double éventualité prévue.

Elle a voulu avec raison utiliser à cette fin la belle ligne de la Durance ; et la combinant avec les embranchements d'Aix sur Fuveau et de Fuveau sur Marseille, auxquels cette combinaison donne une nouvelle utilité, elle a pensé que la ligne de la Durance ainsi complétée pourrait offrir une seconde voie sur Marseille, Toulon et l'Italie.

Cette combinaison, qui concentre tout le réseau dans une puissante harmonie, pourra parfaitement réussir, si surtout quelques modifications étaient faites à la ligne de la Durance ; si entre autres on la raccourcissait en la portant ou la maintenant sur la rive gauche, dans une certaine étendue de son parcours. Autres étaient les conditions de cette ligne quand elle était destinée exclusivement aux Alpes, autres elles doivent être aujourd'hui qu'elle doit devenir en outre la seconde ligne sur Marseille et la première sur Toulon et l'Italie. Elle deviendra la première sur Toulon en évitant Marseille au moyen des embranchements d'Aix, Fuveau, Aubagne, et la première sur le Var et l'Italie par les embranchements d'Aix, Fuveau, Saint-Maximin, Brignoles, etc., comme on l'a vu ci-dessus.

. . . .

Revenons à l'objet principal de cet exposé. Nous n'examinerons pas la question de droit qu'elle peut présenter, le Conseil n'ayant à exprimer son opinion que sous la forme d'un vœu. Nous n'aborderons pas non plus la question fort grave de savoir si démembrer l'étendue du réseau, sur lequel les Compagnies ont pu et dû compter, ne serait pas affaiblir leur crédit dans le présent et dans l'avenir et alarmer la masse d'intérêts liés à leur fortune. On sait qu'en fait de crédit financier la crainte du mal équivaut au mal lui-même.

Sans doute, il est des circonstances ou aucune crainte ne doit arrêter, où tout intérêt doit s'immoler, tout dévouement s'exalter ; c'est quand il s'agit des grands intérêts de l'État; mais nous sommes loin certes de ces hauteurs. Il s'agit d'un intérêt local, provincial même si l'on veut, mais bien atténué et presque annulé par les dernières offres de la Compagnie de la Méditerranée, comme on l'a vu.

En cet état de choses notre conclusion se formule ainsi :

Les puissantes raisons qui firent prévaloir en 1857 le système des réseaux ou de la concentration, sur le système contraire de la libre concurrence quand il s'agissait de créer les voies ferrées, ces mêmes raisons existent avec tout leur poids tant que les réseaux ne sont pas achevés. C'est là une conséquence logique et forcée qui a une portée générale ; mais nous avons mission de dire qu'elle s'applique spécialement à notre département, dont l'intérêt est lié en cela avec celui de tout le Sud-Est et de l'Italie.

Par ces motifs, votre Commission vous propose, à l'unanimité, d'émettre un vœu bien prononcé pour que la demande faite par la Compagnie du Midi d'une ligne directe de Cette à Marseille ne lui soit pas accordée ;

Pour qu'au contraire, la Compagnie de la Méditerranée, en conservant toute la puissance de ses moyens, puisse réaliser dans les conditions ci-dessus indiquées la première partie de l'achèvement du réseau qu'elle offre de faire immédiatement ; pour qu'ensuite la seconde partie, qui sera le couronnement de l'œuvre, et qui nous intéresse plus spécialement, puisse avoir son tour dans un assez bref délai.

Le Conseil général adopte ces conclusions.

Conseil mnnicipal de Toulon.

15 Septembre 1862.

Considérant que la ligne littorale entre Cette et Marseille traverserait forcément des contrées insalubres, serait exposée aux inondations du Rhône, pourrait gêner la navigation sur ce fleuve et porterait une atteinte funeste à l'inscription maritime en détruisant le cabotage entre Marseille et Cette ;

Considérant que les raisons invoquées en faveur de ce projet et tirées de l'abréviation qui en résulterait, ainsi que de la diminution des tarifs, comme conséquence de cette abréviation, sont de nulle valeur, puisque la Compagnie de la Méditerranée, par la ligne de jonction de Lunel à Arles, réduirait la différence des distances à 15 kilomètres pour les marchandises, 20 kilomètres pour les voyageurs, et que cette Compagnie offre, en outre, de ne compter *dès à présent* que pour 160 kilomètres, longueur du tracé par le littoral, la distance tarifée entre Marseille et Cette ;

Considérant, en ce qui concerne la concurrence dont on a parlé, que cette concurrence profitable à Marseille, il est vrai, serait nuisible à Toulon et au Var, puisque si la Compagnie de la Méditerranée perdait le transit des marchandises du Sud-Ouest, elle pourrait augmenter à titre de dédommagement le tarif des marchandises sur sa ligne de Toulon et l'Italie, autant que le *maximum* établi lui permettrait de le faire.

Considérant que la ligne littorale offrirait encore cet autre grave inconvénient, en ce qui regarde les intérêts du commerce toulonnais, que les marchandises nous arrivant par cette ligne ou partant de Toulon pour le Sud-Ouest, devraient être transbordées à Marseille, d'une gare à une autre, ce qui occasionnerait une perte de temps et des frais de camionnage considérables ;

Considérant que les voyageurs seraient exposés aussi à tous les inconvénients qui résultent d'une rupture de ligne ;

Considérant que dans un cas d'accident arrivé au tunnel de la Nerthe, ou d'encombrement de marchandises à la gare de la Méditerranée, la ligne littorale ne saurait remédier à cet accident ou servir au dégagement de cette gare, tandis qu'une nouvelle communication entre Marseille et Aix permettrait d'atteindre ce double but ;

Considérant que cette nouvelle voie ferrée serait véritablement une voie stratégique, puisque en cas de guerre maritime elle servirait, seule, à approvisionner, à ravitailler, à secourir notre place, alors que la ligne d'Avignon, au sortir du souterrain de la Nerthe, vers Marseille, et la ligne littorale, dans presque toute son étendue, se trouveraient exposées aux boulets ennemis et seraient facilement détruites ;

Considérant que cette raison d'intérêt général et de salut public, bien plus encore que d'intérêt local, ne saurait échapper à l'attention du gouvernement de l'Empereur ;

Considérant qu'un embranchement d'Aix sur Aubagne présenterait des avantages réels sur tout autre tracé, ne serait-ce qu'en facilitant l'exploitation des mines de lignite de Fuveau ;

Considérant enfin que la création d'une gare méridionale à Marseille, servant de tête de ligne sur Toulon et Nice, et située plus près des quartiers industriels et commerçants que ne l'est actuellement la gare de la Méditerranée, rendrait plus promptes, plus faciles et moins onéreuses les transactions entre Marseille, Toulon et toute la ligne d'Italie,

Le Conseil municipal émet le vœu que le Gouvernement donne la préférence aux projets de la Compagnie de Paris à Lyon et à la Méditerranée, en lui imposant l'embranchement d'Aix sur Aubagne par Fuveau.

Chambre de commerce de Toulon et du Var.

16 Septembre 1862.

La Chambre de Commerce de Toulon et du Var, vu les plans et mémoires présentés par la Compagnie du Midi et par la Compagnie de Paris à Lyon et à la Méditerranée, à l'appui de leurs projets respectifs, actuellement soumis à l'enquête ;

Considérant que le vote émis par elle le 10 décembre 1861, sur le projet, alors isolé, de la Compagnie du Midi, était uniquement un vote de principe, basé sur l'utilité de l'extension et de la multiplication des voies ferrées et du rapprochement de la distance à parcourir entre Cette et Marseille ;

Considérant qu'aujourd'hui deux projets étant en présence, il convient d'examiner ces deux projets, soit au point de vue de l'intérêt général, soit au point de vue de l'intérêt particulier du département du Var, dont la Chambre est l'organe ;

Considérant que les avantages principaux invoqués en faveur de la ligne littorale de Cette à Marseille, projetée par la Compagnie du Midi, consistent :

1° Dans une abréviation de parcours entre Marseille et Cette ;

2° Dans le dégagement, en cas d'accident, du souterrain de la Nerthe et dans la création d'une seconde voie de sortie de Marseille ;

3° Dans l'utilité d'une exploitation unique de la ligne de Bordeaux à Marseille sans transbordement et sans rupture de charge à Cette ;

Sur le premier motif :

Considérant que l'avantage de l'abréviation de parcours de 45 kilomètres sur le détour actuel par Montpellier, Nimes, Tarascon et Arles, disparaît complétement par les projets présentés à l'enquête par la Compagnie de Paris, Lyon, Méditerranée ;

Qu'en effet, au moyen de l'embranchement de Lunel à Arles et de celui de l'Estaque, cette différence de parcours est réduite à 20 et même à 15 kilomètres ; que d'ailleurs cette différence insignifiante en elle-même est supprimée par les réductions de tarif offertes par la Compagnie de la Méditerranée, offres immédiatement réalisables et qui rendent tout à fait inutile une dépense de plus de 70 millions pour atteindre le même but ;

Sur le second motif,

Considérant que, bien que la nature du sol dans lequel est percé le tunnel de la Nerthe doive dissiper toutes les craintes répandues au sujet de la possibilité d'un éboulement ou d'une obstruction quelconque, il est bon toutefois de rechercher si la ligne littorale de Cette à Marseille offrirait dans cette éventualité l'avantage d'une seconde sortie de Marseille vers les points où se dirige le trafic si important de cette place ;

Attendu que ce trafic se dirigeant du Sud au Nord, un détour sur Cette par une ligne transversale vers l'Ouest ne saurait en aucun cas servir à dégager Marseille et sa ligne principale ;

Sur le troisième motif,

Considérant que la Compagnie de Lyon à la Méditerranée a fait les offres suivantes :

1° D'établir le nombre nécessaire de trains de voyageurs à la vitesse réglée par la Compagnie du Midi, sur sa propre ligne, sans transbordement ni interruption à Cette ni ailleurs ;

2° D'établir un tarif commun pour tout le trafic dirigé de la ligne du Midi sur Marseille et réciproquement, en laissant à la Compagnie du Midi le soin exclusif de régler ce tarif commun ;

3° De réduire dès à présent à 160 kilomètres (longueur du tracé littoral), la distance tarifée entre Cette et Marseille ;

Considérant que ces offres résument et constituent l'ensemble des améliorations que se propose la Compagnie du Midi dans l'exécution de la ligne littorale, et que dès lors il est inutile, pour atteindre le même résultat immédiatement réalisable, de dépenser la somme énorme de 70 millions ;

Qu'il est d'ailleurs reconnu que les wagons de marchandises circulent sans difficulté d'un réseau à l'autre en France et même de France à l'étranger, et que la Compagnie du Midi seule fait exception sur ce point ;

Considérant, en outre, que l'économie dans les dépenses est une question de la plus haute importance en ces matières, que la puissance financière du pays et les ressources des Compagnies ont une limite qu'il est sage de ne pas franchir ; qu'il résulte de l'examen des projets respectivement produits, que l'exécution des projets de la Compagnie de Paris à Lyon et à la Méditerranée réaliserait sur celle des projets de la Compagnie du Midi une économie de 50 millions ;

Que cette somme serait bien plus utilement employée dans l'exécution des lignes du deuxième et du troisième réseau ;

Considérant que la ligne littorale de Cette à Marseille est établie, dans la plus grande partie de son parcours, sur un terrain submersible par les crues du Rhône ; que les nombreux canaux qui coupent cette ligne rendraient nécessaire l'établissement de ponts tournants, lesquels nuiraient à l'exploitation de la voie ferrée ;

Que pour franchir le fleuve, un viaduc est nécessaire ; que cet ouvrage aux embouchures du fleuve même serait préjudiciable à la navigation maritime et fluviale ; qu'il est très-important sur ces questions techniques de s'en rapporter aux hommes de l'art, et que le Conseil général des ponts et chaussées a condamné de pareils travaux exécutés dans de telles conditions ;

Considérant que les seules villes que rencontre la ligne littorale sur tout son parcours : Aigues-Mortes, le port de Bouc et Martigues, sont mieux desservies par l'embranchement du Pas-des-Lanciers que par ladite ligne ; que cet embranchement les met à la même distance de Marseille sans les isoler des autres localités, notamment d'Aix, chef-lieu administratif et judiciaire ;

Considérant que les départements du Sud-Est, et notamment le Var, seraient complétement sacrifiés par la ligne du littoral ; que la Compagnie du Midi, déjà maîtresse absolue et de la voie de fer et du canal de Bordeaux à Cette, emploierait exclusivement la voie du littoral de Cette à Marseille pour tout le trafic venant d'au delà de Cette, et qu'alors se présenteraient forcément à Marseille les inconvénients du transbordement et d'une rupture de charge, avec l'inconvénient plus grave encore d'un changement de gare ;

Que le mot de concurrence est un vain mot jeté dans le débat ; que cette concurrence entre les deux lignes de Cette à Marseille ne saurait exister en faveur de l'expéditeur au-dessus de Cette ;

Que la concession à la Compagnie du Midi de la ligne par le littoral aurait, au contraire, pour effet, de perpétuer, au grand détriment du commerce et de l'industrie, cette situation anormale de deux lignes en parfaite communication, et pourtant complétement isolées par le mauvais vouloir de l'une des Compagnies ;

Que ce serait là, du reste, consolider entre les mains de la Compagnie du Midi le monopole exorbitant dont elle jouit déjà au grand détriment de l'agriculture, du commerce et de l'industrie, monopole qui soulève de si graves et si sérieuses objections ;

Considérant que les principes tutélaires qui ont guidé le Gouvernement dans la délimitation des réseaux des diverses Compagnies ont eu pour but de sauvegarder l'intérêt général de ce pays, d'assurer dans un temps donné l'exécution complète des réseaux des chemins de fer en consolidant le crédit des Compagnies, en empêchant ces concurrences ruineuses sans profit réel pour le pays ; qu'il y a donc lieu de maintenir ces principes dans la question actuelle, rien ne pouvant démontrer la nécessité de les abandonner au point de vue de l'intérêt public ;

Considérant enfin que la ligne de Cette à Marseille par le littoral ne présente aucun caractère d'utilité publique, ne donne satisfaction à aucun des intérêts généreux du pays, ne satisfait pas davantage aux intérêts locaux et ne répond à aucun besoin réellement senti par le commerce et l'industrie ;

En ce qui concerne les projets de la Compagnie de Lyon à la Méditerranée, comprenant :

1° Ligne de Lunel à Arles ;

2° Embranchement du Pas-des-Lanciers sur Bouc et Martigues ;

3° Ligne de Marseille à Aix ;

4° Gare de l'Estaque ;

5° Gare au sud de Marseille ;

Considérant que l'embranchement de Lunel à Arles abrège la distance de Cette à Marseille de 25 kilomètres; qu'il traverse une contrée riche et peuplée; qu'il favorise les relations directes entre le bas Languedoc et les villes d'Arles, d'Aix et la vallée de la Durance ; qu'il établit une communication directe de l'Italie, des Alpes-Maritimes et du Var, des Hautes et Basses-Alpes vers le Sud-Ouest et le Centre de la France ;

Considérant que l'embranchement du Pas-des-Lanciers sur Bouc et Martigues, rapproche Martigues et le port de Bouc, les salins et les usines de ces localités, de Marseille où se dirigent en général les produits et les populations de ces contrées ;

que cet embranchement offre, en outre, un débouché vers le Nord et réunit ces villes à la ville d'Aix, centre des affaires administratives et judiciaires ;

Considérant que le chemin direct de Marseille à Aix est la seule et la meilleure solution pour dégager la ligne principale vers le Nord, en créant une seconde issue indépendante du souterrain de le Nerthe ; que cette ligne auxiliaire doit être forcément entre les mains de la même Compagnie ; qu'elle doit être établie dans la même direction que le courant du trafic de la ligne principale ;

Que l'embranchement projeté sur Aix traversant une région riche, populeuse et industrielle, donne satisfaction à des intérêts très-importants jusqu'ici négligés ; qu'au point de vue stratégique, cette seconde ligne présenterait de grands avantages au pays ; qu'au moyen de l'embranchement de Pertuis sur Aix, l'embranchement projeté constituerait une seconde voie sur Avignon, Lyon, Paris, la Suisse ;

Que, par l'embranchement d'Aix à Rognac, les communications des départements du Sud-Est, du Var entre autres, seraient en tout temps assurées avec le Gard, l'Hérault, le Sud-Ouest, le Centre et l'Espagne ;

Considérant que si, dans l'établissement des embranchements de chemins de fer, la question d'abréviation a son importance pour le choix d'un tracé, il est d'autres conditions à remplir qu'il ne faut pas négliger ; qu'ainsi, sans nier l'utilité des communications directes entre Marseille et Aix, il ne faut pas leur sacrifier l'industrie, le commerce, la navigation et l'intérêt de la défense du territoire ;

Que le riche bassin houiller de Fuveau, dont l'exploitation devient chaque jour plus importante, alimente les usines de Marseille et d'Aix, et contribue à l'approvisionnement de l'arsenal de Toulon ; que le Var et les autres départements du Sud-Est ont un grand intérêt à trouver à Aubagne un embranchement sur Aix, embranchement qui abrégerait les distances vers le Nord, et ouvrirait une communication et un débouché vers les Alpes ;

Considérant que la gare de l'Estaque, agrandie et mise en communication avec les voies ferrées établies sur les quais de Marseille, réalisera une grande amélioration, soit pour l'expédition directe et économique des marchandises, soit par le dégagement qu'elle procurera aux gares actuelles de Saint-Charles et de la Joliette ;

Considérant que la création d'une nouvelle gare au sud de Marseille, servant de tête de ligne à la ligne de Marseille à Nice, et raccordée par un chemin de ceinture à la gare principale, est d'une grande importance pour cette partie riche et peuplée des quartiers Sud de Marseille ; que l'utilité en est incontestable; qu'elle est reconnue par le Conseil municipal de Marseille lui-même ;

Considérant, en définitive, que l'ensemble des projets soumis à l'enquête par la Compagnie de Paris à Lyon et à la Méditerranée satisfait de tous points l'intérêt général du pays tout entier, sauvegarde pleinement les intérêts locaux des départements voisins, et présente, à tous les points de vue, les caractères les plus évidents de l'utilité publique ;

Par ces motifs,

La Chambre de commerce de Toulon et du Var est d'avis :

Qu'il y a lieu de s'opposer à l'établissement de la ligne de Marseille à Cette par le littoral ;

Que le Gouvernement veuille bien accorder à la Compagnie de Paris à Lyon et à la Méditerranée :

1° Une ligne de Lunel à Arles ;

2° Un embranchement du Pas-des-Lanciers aux Martigues et à Bouc ;

3° Une ligne de Marseille à Aix par Aubagne et Fuveau ;

4° Un embranchement dirigé de la station de l'Estaque vers le nouveau port Napoléon, à Marseille ;

5° L'établissement d'une gare au sud de Marseille, sur la ligne de Marseille à Nice.

La Chambre de commerce émet également le vœu que le Gouvernement accueille les propositions de la Compagnie de Paris à Lyon et à la Méditerranée, relatives au chemin de fer de Lunel au Vigan et à Milhau, avec embranchement sur Aigues-Mortes.

Conseil municipal de Draguignan.

---

16 Septembre 1862.

Considérant, en ce qui concerne le choix à faire entre les propositions des deux Compagnies rivales, que l'adhésion à celles de la *Méditerranée* est dictée par des raisons tellement décisives, tirées de l'intérêt général du centre du département dont le nôtre est solidaire, que l'hésitation sur ce point n'est pas permise......

Conseil municipal de Lorgues.

---

21 Septembre 1862.

Le Conseil municipal demande que le Gouvernement concède à la Compagnie des chemins de fer de Paris à Lyon et à la Méditerranée, qui offre de les exécuter sans subvention, et dans le délai de trois ans, les diverses lignes que cette Compagnie a proposées ; que le Gouvernement demande à la Compagnie de la Méditerranée l'exécution de la ligne de Fuveau à Saint-Maximin, et que cette ligne aille rejoindre la ligne de Toulon à Nice, en passant par ou près Brignoles, Curcès, Lorgues et Draguignan ; que dans les divers projets de chemin de fer direct d'Aix à Marseille, le tracé par Gardanne soit adopté.

Conseil municipal de Saint-Maximin.

14 Septembre 1862.

Le Conseil municipal, à l'unanimité, émet le vœu que le Gouvernement donne la préférence aux projets de la Compagnie de la Méditerranée, et qu'on adopte, pour la ligne directe d'Aix à Marseille, le tracé passant par Gardanne.

Conseil municipal de Brignoles.

---

14 Septembre 1862.

Considérant que les divers projets soumis à l'enquête par la Compagnie de la Méditerranée offrent tous des avantages appréciés par les Conseils généraux des départements intéressés, et qu'il serait oiseux de reproduire leurs votes ou les motifs qui les ont dictés ;

Que dans le projet d'une seconde ligne de Marseille à Aix, indépendante du souterrain de la Nerthe, le tracé passant par Fuveau semble mériter la préférence, parce qu'il donne une ligne plus directe d'Aix à Marseille, qu'il dessert le bassin houiller de ce nom, et qu'il est comme la tête d'un prolongement jusqu'aux Arcs par Frets, Saint-Maximin et Brignoles, reconnu indispensable comme ligne la plus directe et la moins accidentée pour aller d'Aix à Nice ;

Considérant que les projets présentés par la Compagnie du Midi ne peuvent contrebalancer en rien ceux de la Compagnie de la Méditerranée, et qu'ils n'offrent d'ailleurs aucun avantage pour notre département ;

Le Conseil municipal, à l'unanimité, émet le vœu :

1° Que le tracé par Fuveau soit adopté comme le plus avantageux, soit dans l'intérêt général, soit dans l'intérêt particulier du département du Var ;

2° Que la Compagnie de la Méditerranée complète son œuvre dans le plus bref délai, en joignant Aix à Nice par une ligne de Fuveau aux Arcs , passant par Saint-Maximin et Brignoles, ce tracé étant le plus direct et le moins coûteux, pour donner la voie stratégique, et la plus économique d'Avignon à Nice ;

3° Que la Commissiou d'enquête se prononce en faveur des projets présentés par la Compagnie de la Méditerranée, et engage cette Compagnie à ne pas différer l'exécution de la ligne directe d'Aix à Nice.

Chambre consultative des Arts et Manufactures de Brignoles.

---

14 Septembre 1862.

Prenant en considération les offres avantageuses de la Compagnie de la Méditerranée, sous le rapport des diverses gares qu'elle propose d'établir et des divers embranchements qu'elle offre d'exécuter immédiatement : de Lunel à Arles; du Pas-des-Lanciers à Martigues et à Bouc; de Marseille à Aix par Aubagne et Fuveau, afin d'éviter les inconvénients d'un éboulement dans le souterrain de la Nerthe, pour doubler la ligne d'Aix à Marseille, et tripler celle d'Aix à Avignon par Pertuis et la Durance;

Considérant que la Compagnie apprécie et reconnaît la nécessité d'une seconde ligne de Marseille à Aix, par Aubagne et Fuveau, et l'établissement d'une gare au sud de Marseille, servant de tête de ligne sur Toulon et Nice;

Attendu que cet embranchement d'Aubagne à Aix par Fuveau donnerait une ligne d'Avignon et des Alpes à Toulon, qui pourrait avoir une grande importance stratégique;

Qu'il mettrait les mines de Fuveau, d'Auriol, de Saint-Zacharie et du Plan-d'Aups, en communication avec Marseille, Toulon, Aix et les Alpes;

Et que traversant les mines de lignites de Trest, prolongé sur Saint-Maximin,

Brignoles, Carcès et la vallée de l'Argens jusqu'à Vidauban, ou aux Arcs, il constituerait une seconde ligne de Marseille et d'Aix sur Toulon, Nice et l'Italie ;

Attendu que la Compagnie du Midi ne présente dans tous ses projets aucun des avantages énumérés ci-dessus ;

Par ces motifs,

La Chambre consultative des arts et manufactures de l'arrondissement de Brignoles,

Délibère, à l'unanimité, d'adhérer aux projets présentés par la Compagnie de la Méditerranée, comme étant les seuls avantageux pour compléter et améliorer le réseau méridional, soit sous le rapport des divers embranchements qu'elle offre d'exécuter immédiatement, comme sous celui des gares qu'elle propose d'établir ;

Emet notamment le vœu, même dans l'intérêt bien entendu de la ville d'Aix, que le projet d'embranchement d'Aubagne à Fuveau, comme seconde ligne de Marseille à Aix, avec prolongement sur Saint-Maximin, Brignoles, Carcès et la vallée de l'Argens, pour arriver à Vidauban ou aux Arcs, sur la ligne de Toulon à Nice et l'Italie, soit seul adopté par la Compagnie de la Méditerranée.

VAUCLUSE.

———•◦•———

Conseil général de Vaucluse.

Chambre de Commerce d'Avignon.

Conseils municipaux de Carpentras et de la ville de l'Isle.

Conseil d'arrondissement d'Apt.

Adhésion des Conseils municipaux d'Apt et de 37 autres communes de l'arrondissement.

Conseil général de Vaucluse.

---

28 Août 1862.

Un membre de la Commission des travaux publics entretient le Conseil des nouveaux tracés de chemins de fer proposés par les Compagnies de la Méditerranée et du Midi ; il compare les avantages et l'opportunité de ces divers tracés, et attendu que les projets de la Compagnie de la Méditerranée présentent tous un intérêt évident et d'une haute importance pour le département de Vaucluse, ainsi que pour les autres départements du Sud-Est, tandis que la ligne demandée de Cette à Marseille, par l'extrême littoral, ne paraît offrir aucune espèce d'utilité pour ces départements, il propose au Conseil d'émettre le vœu que le Gouvernement de l'Empereur accueille favorablement les propositions de la Compagnie de la Méditerranée ayant pour objet l'exécution de la ligne de Lunel à Arles ;

De l'embranchement du Pas-des-Lanciers à Martigues et à Bouc ;

De la ligne de Marseille à Aix, soit directe par le col du Pin, soit par Aubagne et Fuveau ;

De la gare de marchandises à l'Estaque, avec raccord sur les ports de Marseille ;

De la gare au sud de Marseille, avec embranchement servant de tête de ligne sur Toulon et Nice, de la ligne de Toulon au Vigan ;

Et du prolongement de la même ligne du Vigan sur Milhau.

Un membre fait observer que la Compagnie du Midi n'a adressé au Conseil aucun plan de ses projets, et que dès lors, il ne convient pas de s'occuper d'elle dans le vœu que va émettre le Conseil ;

Que tout en reconnaissant que les propositions de la Méditerranée sont jusqu'à un certain point opposées à celles de la Compagnie du Midi, elles n'impliquent pas d'une manière absolue l'abandon du projet du chemin projeté de Cette à Marseille par le littoral de la Méditerranée.

Un autre membre pense au contraire que les projets de la Compagnie du Midi étant aussi notoires que ceux de la Compagnie de la Méditerranée, il y a lieu d'émettre un avis sur cette question, au double point de vue de l'intérêt général et de l'intérêt particulier de notre département.

Ce membre fait l'exposé suivant :

Une polémique très-vive s'est élevée entre le chemin de fer du Midi et celui de la Méditerranée. La cause de la polémique est ceci : à tort ou à raison, le Midi veut pénétrer dans le réseau de la Méditerranée et entrer à Marseille. La Méditerranée résiste, c'est son droit. La question n'est pas encore décidée.

Il faut reconnaître que l'entreprise bien ou mal fondée du Midi a eu pour résultat de stimuler le zèle de la Méditerranée et d'accélérer des projets qui eussent été long-temps ajournés.

Quoi qu'il en soit, la Méditerranée vous soumet diverses propositions; il vous appartient de les appuyer ou de les repousser.

Pour ma part, je suis franchement pour la Méditerranée. Je crois que c'est la bonne cause. Je suis sûr que les projets de la Méditerranée renferment les véritables intérêts de vos contrées.

Au Midi, je fais deux objections :

Je lui oppose les précédents administratifs.

Il a perdu sa cause devant le Conseil général des ponts et chaussées et devant le Comité consultatif des chemins de fer.

En second lieu, il est en possession des canaux parallèles à sa voie de fer. C'est là une anomalie considérable, un monopole dangereux.

Le chemin de fer, en effet, a tué la navigation. La conséquence immédiate de ce fait a été le renchérissement du prix des transports, car il est de notoriété publique que la voie d'eau transporte à meilleur marché que le chemin de fer.

On a délaissé les canaux, les rivières, les fleuves, la batellerie, c'est un tort, car la marchandise encombrante et qui n'est pas pressée, a besoin du transport à bon marché.

Après le traité de commerce, pour la concurrence des produits nationaux avec les produits étrangers, il est devenu évident qu'il fallait réduire les tarifs.

Le meilleur moyen est de ressusciter la navigation pour exercer une pression sur les tarifs des voies de fer. On le fait partout.

Eh bien, la Compagnie du Midi possède tous les canaux parallèles ; elle est maîtresse des tarifs ; ses tarifs sur ses canaux, sont le double et le triple des tarifs établis sur les canaux de l'État.

Il y a là un fait déplorable. Je le signale et je ne veux pas ajouter à cette anomalie privilégiée l'envahissement du réseau de la Méditerranée.

J'ai dit que l'avantage de nos contrées est dans les projets de la Méditerranée. En effet, elle offre trois chemins d'Avignon sur Marseille. Le Midi n'offre rien qui nous soit utile. Il offre un chemin de fer de Cette à Marseille. Il suffit de jeter les yeux sur la carte, pour deviner à l'instant que ce chemin, comme chemin, ne peut servir à rien. De Cette à Marseille, il y a le sable et le désert. Aucun mouvement de voyageurs n'existera là. Ce qu'il y aura, c'est un trafic de marchandises. Or, pour la marchandise encombrante, il y a entre Cette et Marseille, un moyen de transport qu'on appelle le cabotage. Le but latent, mais certain de la voie de Cette à Marseille, est de détruire le cabotage ; ainsi, la Compagnie prendra la mer, comme elle a la terre, comme elle a les canaux. C'est une véritable confiscation.

Pour ma part, et sans insister d'avantage contre les projets de la Compagnie du Midi, je donne mon plein assentiment à ceux de la Méditerranée, et je propose la rédaction suivante :

Le Conseil fait des vœux pour que les projets mis à l'enquête par la Compagnie de la Méditerranée soient adoptés définitivement, et en conformité des décisions du Conseil général des ponts et chaussées et du Comité consultatif des chemins de fer.

Plusieurs membres prennent successivement la parole, et après discussion, l'assemblée adopte l'avis proposé ci-dessus en ces termes :

Le Conseil fait des vœux pour que les projets mis à l'enquête par la Compagnie de la Méditerranée soient adoptés définitivement, et en conformité des décisions du Conseil général des ponts et chaussées et du Comité consultatif des chemins de fer.

Chambre de Commerce d'Avignon.

7 Septembre 1862.

Considérant que le projet présenté par la Compagnie du Midi, pour une ligne directe de Cette à Marseille par le littoral, est tracé presque en entier dans des contrées désertes et inhabitables, que les avantages qui, lorsqu'il a été présenté, avaient pu provoquer de nombreuses adhésions, étaient d'abréger considérablement la distance entre Marseille et les contrées du Sud-Ouest, desservies par la ligne de Bordeaux à Cette ; d'éviter les transbordements de voyageurs et de marchandises, qui, jusqu'à présent, ont eu lieu à Cette et à Tarascon, et surtout d'assurer d'une manière absolue les communications par chemin de fer entre Marseille et le reste de la France, communications qui, dans le cas où un accident, peu probable il est vrai, obstruerait le passage du souterrain de la Nerthe, seraient menacées d'une interruption complète ;

Que les seules populations de quelque importance que traverse la ligne par le littoral, Aigues-Mortes et Martigues, et la seule industrie qui puisse l'utiliser, celle des salines, sont beaucoup mieux desservies par les embranchements sur Aigues-Mortes et Bouc, que propose la Compagnie de Lyon à la Méditerranée ;

Considérant, en outre, que le chemin par le littoral, tel qu'il est proposé par la Compagnie du Midi, nécessiterait l'établissement d'un viaduc sur les deux branches du Rhône, à l'extrémité de la Camargue, et rendrait ce fleuve complétement inaccessible aux nombreux navires à voiles qui, de son embouchure, remontent jusqu'à Arles, et porterait ainsi un nouveau coup à la navigation de ce magnifique cours d'eau, qui intéresse à un si haut point tous les riverains du fleuve, et pour la conservation de laquelle le Gouvernement a toujours manifesté ses sympathies, soit par les travaux importants qu'il a fait exécuter, soit par les sommes considérables qu'il y a affectées ;

Que depuis lors, les propositions faites par la Compagnie de Lyon à la Méditerranée, non-seulement ont fait cesser le danger et les inconvénients signalés plus haut, mais qu'elles présentent de nombreux avantages sur celles de la Compagnie du Midi ;

Considérant, en effet, que la ligne de Lunel à Arles, projetée par la Compagnie de la Méditerranée, traverse des contrées riches et peuplées pour lesquelles l'exécution de cette ligne serait un immense bienfait ; que, si le parcours de Cette à Marseille par la ligne du Midi présente sur celui de la Méditerranée un raccourci d'environ 15 kilomètres, cette différence insignifiante, et compensée d'ailleurs par les rampes au moyen desquelles ce projet franchit la chaîne de l'Estaque, disparaît devant l'offre faite par la Compagnie de Lyon à la Méditerranée, de ne compter dans la tarification que 160 kilomètres pour la distance de Cette à Marseille ;

Qu'en outre, et relativement au trafic du bas Languedoc vers l'Aveyron, de même que vers la vallée du Rhône, à l'Est, la ligne d'Arles à Lunel l'emporte de beaucoup sur celle du littoral ;

Considérant, en ce qui concerne l'amélioration des communications entre Bordeaux et Marseille, amélioration que la Compagnie du Midi présente comme le but principal du prolongement de sa ligne jusqu'à Marseille, qu'il est avéré qu'il n'a dépendu que de la Compagnie du Midi d'établir entre ces deux grands ports, par les moyens universellement pratiqués entre les réseaux des compagnies françaises, des relations aussi commodes et aussi économiques que pourrait le faire une compagnie qui posséderait la ligne entière de Bordeaux à Marseille, et que, s'il n'en est pas ainsi, c'est uniquement parce que la Compagnie du Midi s'est refusée à tout arrangement conçu dans ce but ;

Que d'ailleurs la Compagnie de la Méditerranée renouvelle l'offre qu'elle a faite à plusieurs reprises d'établir, d'accord avec la Compagnie du Midi, des trains de voyageurs directs de Bordeaux à Marseille, sans transbordement, dès que la deuxième voie de Cette à Bordeaux aura été posée, d'appliquer aux transports de marchandises, entre le réseau du Midi et Marseille, des tarifs communs dont la Compagnie du Midi réglera à son gré les prix et les conditions ;

Considérant que les projets présentés par la Compagnie de la Méditerranée pour une deuxième gare à Marseille et pour une deuxième ligne de Marseille à Aix destinée à suppléer au besoin la ligne actuelle de Marseille à Avignon, satisfont à tous les intérêts, et font cesser complétement le danger résultant d'une seule entrée dans Marseille par le souterrain de la Nerthe.

Considérant que le Conseil des ponts et chaussées et le Comité consultatif des chemins de fer, en émettant un avis contraire à la mise à l'enquête de la ligne littorale de Cette à Marseille, ont donné aux objections que cette ligne soulève une gravité que rien ne saurait atténuer ;

Considérant que le système qui a présidé à la répartition actuelle des réseaux entre les grandes Compagnies françaises est la meilleure garantie du prompt achèvement de ces réseaux ; que ce système, sans exclure les concurrences que motiveraient de graves considérations d'utilité publique, et tempéré qu'il est par la surveillance du Gouvernement sur les tarifs, et par les abaissements des droits sur les voies navigables, exclut absolument les tentatives d'invasion ou de concurrence qui n'auraient d'autre motif que l'intérêt privé et d'autre but que l'envahissement ; que toute infraction à cet état de choses ébranlerait très-sérieusement le crédit des Compagnies, compromettrait ainsi l'œuvre dont elles sont chargées, et ne saurait manquer de réagir sur le crédit de l'État lui-même ; que, particulièrement en ce qui concerne le chemin de fer de Cette à Marseille par le littoral, les considérations invoquées sont bien loin de justifier la dérogation au système des réseaux qu'impliquerait la concession de cette ligne à la Compagnie du Midi ;

Considérant, en ce qui touche plus particulièrement le département de Vaucluse, que les projets de la Compagnie de la Méditerranée assurent les communications entre Marseille, le Centre et le Nord de la France par deux voies distinctes, l'une par Arles et Tarascon, l'autre par Aix et Cavaillon, se réunissant à Avignon ;

Que, dans le cas très-probable où la ligne actuelle d'Avignon à Lyon deviendrait insuffisante pour servir de débouché aux voyageurs et aux marchandises qui afflueront par les deux lignes précitées et les chemins de fer du Languedoc, on pourrait dédoubler cette ligne, soit en établissant sur la rive droite du Rhône un chemin parallèle à celui existant sur la gauche, soit au moyen d'un embranchement, qui, en traversant une partie du Gard et de l'Ardèche, viendrait se souder à la ligne de Brioude à Alais ; et que, dans l'un et l'autre cas, Avignon serait le point central où convergeraient ces diverses voies de communication, qu'un avenir prochain rendra indispensables.

PAR TOUS CES MOTIFS, EST D'AVIS :

Que le Gouvernement veuille bien concéder à la Compagnie de Paris à Lyon et à la Méditerranée les chemins sur lesquels il vient d'ordonner une enquête, savoir :

1º Une ligne de Lunel à Arles, par Saint-Gilles ;

2° Une ligne directe de Marseille à Aix, avec une nouvelle gare à Marseille ;

3° Un embranchement dirigé de la station de l'Estaque vers le nouveau port Napoléon, à Marseille ;

4° Une ligne de la station de Pas-de-Lanciers, à Martigues et à Bouc ;

5° Un chemin d'Aigues-Mortes à Lunel, prolongé jusqu'au Vigan ;

Et demande comme condition expresse et indivisible, que tous ces chemins soient exécutés dans le délai de trois ans.

Conseil municipal de Carpentras.

---

11 Septembre 1862.

Considérant que, si les projets des deux Compagnies, au point de vue de la sécurité, répondent également aux préoccupations qu'a souvent fait naître le souterrain de la Nerthe, les propositions formulées par la Compagnie de Paris à Lyon et à la Méditerranée présentent, sous tous les rapports, des avantages nombreux et incontestables, bien supérieurs à ceux qui résulteraient de l'adoption des projets de la Compagnie du Midi ;

Qu'en effet, loin de soulager d'un encombrement toujours croissant les voies de communication qui relient le Nord et le Centre au Midi de la France, la Compagnie du Midi en laisserait substituer les inconvénients dans toute leur étendue ;

Que quant aux inconvénients de même nature qui pourraient se produire par le mouvement de la ligne de Bordeaux à Cette et sa jonction aux lignes de la Compagnie de la Méditerranée, cette dernière y remédiera d'une manière non moins efficace par une partie des embranchements qu'elle propose d'exécuter, et en échappant aux graves inconvénients d'une voie suivant le littoral de Cette à Marseille, exposée sans cesse aux inondations de la basse Camargue, et, en temps de guerre maritime, aux interruptions de service qu'y amènerait la présence sur nos côtes de quelques chaloupes canonnières ;

Que d'ailleurs, par l'ensemble de ses projets, la Compagnie de la Méditerranée entre mieux que celle du Midi dans le système des réseaux que la sagesse et la sollicitude du gouvernement de l'Empereur encouragent les Compagnies à établir, pour répandre, autant que possible, dans toute l'étendue de l'Empire, les avantages des voies ferrées;

Que les Bouches-du-Rhône ne seront pas les seules à en profiter, et que la ligne projetée des Alpes, et les populations qu'elle est appelée à desservir, en retireront aussi des avantages importants, sans aucun préjudice pour un seul des départements limitrophes;

Que ces considérations, sagement appréciées, ont déterminé plusieurs Conseils généraux, et entre autres ceux de la Drôme, de l'Isère, du Gard, de l'Ardèche, de Vaucluse, des Bouches-du-Rhône, des Hautes et des Basses-Alpes, du Var et des Alpes-Maritimes, à émettre des vœux pour demander au Gouvernement la mise à exécution des projets de voies ferrées proposées par la Compagnie de Paris à Lyon et à la Méditerranée;

D'où résulte qu'en dépouillant la question soumise à l'examen du Conseil municipal des intérêts privés qui peuvent s'y trouver engagés, les propositions faites par la Compagnie de Paris à Marseille présentent, au point de vue des intérêts généraux et publics, une grande supériorité et d'immenses avantages sur celles qu'a formulées la Compagnie du Midi;

Par ces divers motifs, le Conseil, après en avoir délibéré, s'empresse d'émettre, en faveur des projets de la Compagnie de la Méditerranée, un vœu conforme à celui qu'ont exprimé les départements précités, et, en particulier, celui de Vaucluse.

Conseil municipal de la ville de l'Isle.

14 Septembre 1862.

Le Conseil municipal, considérant que la ligne littorale de Cette à Marseille fait double emploi avec celle existant par Montpellier, Nîmes et Tarascon ;

Qu'elle n'a pas pour but de joindre l'Océan à la Méditerranée, puisque cette dernière mer est aussi bien à Cette qu'à Marseille ;

Qu'elle n'a pas pour résultat de boucher une lacune existant, dit-on, entre Nice et Port-Vendres, entre l'Italie et l'Espagne, puisque sa gare, à Marseille, se trouve placée dans une impasse, à trois kilomètres de distance et à cinquante mètres de différence de niveau de celle qui conduit à Nice ;

Que par conséquent la nécessité de la ligne littorale n'est nullement justifiée,

Exprime le vœu qu'il plaise au gouvernement de l'Empereur d'en refuser la concession et de donner la préférence aux projets de la ligne de la Méditerranée, par les motifs ci-après :

1° Les projets de la Compagnie de la Méditerranée ont pour avantage de donner d'abord à la ville de Marseille une nouvelle gare dans les quartiers méridionaux, jusqu'à ce jour déshérités ;

2° De donner à Marseille et à son immense trafic d'importation et d'exportation une nouvelle issue, autre que celle du souterrain de la Nerthe, c'est-à-dire la seule qui soit légitimée par les besoins du commerce.

En effet, les relations de Marseille sont presque exclusivement avec les Alpes, Lyon, Genève, Paris et le Nord-Est de l'Empire.

Il n'est pas nécessaire de justifier que les immenses importations de céréales par Marseille ne prennent pas la direction du Languedoc, qui en abonde, même en temps de disette, et que les vins du Languedoc ne sont pas bus à Marseille qui s'alimente dans le Var, ni exportés par son port, qui n'a pas la prétention d'être préféré à celui de Cette situé au milieu des vignobles qui les produisent;

3° Les mêmes projets créant une nouvelle issue de Marseille vers le Nord et l'Est, par une ligne directe sur Aix, rapprocheront le département de Vaucluse et en particulier notre commune de la Méditerranée, et assureront, à tout jamais, des relations certaines, puisque notre commune aura le choix de trois lignes :

Celle d'Avignon, Arles, Marseille;

Celle de Cavaillon, Miramas, Marseille;

Celle enfin de Cavaillon, Pertuis, Aix, Marseille.

Par tous ces motifs,

Le Conseil municipal de l'Isle, parlant au nom de plus de cinquante propriétaires d'usines situées sur son territoire, demande à l'unanimité :

Que la concession des divers projets de la Compagnie de la Méditerranée soit accordée au plus tôt, et que la construction des diverses lignes soit ordonnée concurremment avec celle d'Avignon à Gap, qui, seules, peuvent donner un complément à ces nouveaux projets.

Conseil d'arrondissement d'Apt.

---

29 Septembre 1862.

Considérant que l'arrondissement d'Apt a un intérêt contraire à l'exécution du tracé littoral proposé par le Midi ; que ses intérêts comme ceux des départements de Vaucluse, des Hautes et Basses-Alpes, de la Suisse, de la frontière sarde, etc., etc., sont directement liés aux projets de la Méditerranée par les motifs suivants :

1° La ligne littorale de Cette à Marseille demandée par le Midi présente pour les contrées ci-dessus désignées, desservies par la Compagnie de la Méditerrannée, dans le cas d'un encombrement dans la Nerthe, l'obligation pour aboutir à Marseille de passer par Miramas, Cavaillon, Avignon, Tarascon, Nimes, Montpellier et Cette, c'est-à-dire de suivre un parcours très-long et très-dispendieux, pour aboutir ensuite à Marseille par la ligne du littoral ;

2° Arrivé à Cette, il y aurait là changement de wagons, rupture de charge, perte de temps, ce point là aboutissant à la ligne littorale qui appartiendrait à la Compagnie du Midi.

3° La ligne directe d'Aix à Marseille proposée par la Compagnie de la Méditerranée dessert au contraire complétement les départements ci-dessus désignés, avec une abréviation de parcours et une diminution de dépenses, sans rupture de charge ni transbordement, et évitant, comme la ligne du littoral, le souterrain de la Nerthe ;

4° La ligne de Marseille à Aix présente en outre un double service, savoir : d'Aix à Avignon par Rognac et Cavaillon, et une seconde ligne partant d'Aix par Pertuis, la vallée de la Durance et Cavaillon ;

5° La ligne de Marseille à Aix aboutissant à Pertuis dessert les Bouches-du-Rhône, Vaucluse, les Hautes et Basses-Alpes, la Suisse, la frontière sarde, etc.;

6° Il est très évident que la Compagnie de la Méditerranée satisfait les besoins et les vœux des départements ci-dessus désignés. Les voyageurs et les marchandises venant du Nord pour aller à Marseille participent tous des mêmes avantages.

Considérant que la ligne de Lunel à Arles, que la Compagnie de la Méditerranée propose de faire exécuter, présente, par rapport au parcours actuel de Cette à Marseille par Tarascon, une abréviation de 25 kilomètres et une augmentation seulement de 15 kilomètres par rapport au projet par le littoral proposé par la Compagnie du Midi; que cette ligne traverse une région peuplée, salubre et riche, et ne peut en rien contrarier, comme la ligne du littoral, ni la navigation fluviale, ni la navigation maritime; que ce projet présente donc les plus grands avantages; que si maintenant la Compagnie du Midi consentait, ainsi que la Compagnie de la Méditerranée lui en a fait à plusieurs reprises la proposition, à établir des tarifs communs aux deux lignes et à modifier son matériel, on pourrait établir des trains directs de Marseille à Bordeaux, et *vice versâ*, sans transbordement ni rupture de charge à Cette; considérant que la Compagnie de la Méditerranée a offert de ne compter le parcours de Cette à Marseille que pour une distance égale à celle du littoral, que les besoins et les vœux des populations des départements de l'Ouest, du Centre et du Sud-Ouest seraient donc entièrement satisfaits, sans qu'il fût nécessaire de créer pour cela à grands frais une ligne par le littoral qui traverserait des contrées arides, malsaines et dépeuplées, et serait une entrave à la navigation maritime;

Considérant que par le chemin du littoral, la Compagnie du Midi empiéterait dans le réseau de la Compagnie de la Méditerrannée;

Considérant qu'aucun grand intérêt public ne justifie une dérogation au principe salutaire de la séparation des réseaux adopté en 1857 et qui a déjà produit les plus heureux résultats;

Considérant que la ville d'Apt et la vallée de Coulon, si riches en industries métallurgiques, céramiques, en ocres, bois pour la marine et pour les constructions, pierres de taille, et nombreuses minoteries et autres industries appartenant toutes au commerce général, ont l'espérance fondée d'obtenir de la haute sollicitude du Gouvernement pour tous les besoins et vœux légitimes, un embranchement partant d'Apt et aboutissant à l'Isle ou à Cavaillon;

Considérant qu'il y a lieu pour le Conseil d'arrondissement d'appuyer de toutes ses forces et de sa conviction la plus profonde, le vœu que cet embranchement soit concédé par le Gouvernement pour être fait simultanément avec la ligne principale d'Avignon à Gap ;

Le Conseil d'arrondissement persiste dans ses vœux antérieurs pour l'embranchement d'Apt, et il émet les vœux suivants :

1° Que les projets présentés par la Compagnie de la Méditerranée soient acceptés par le Gouvernement ;

2° Que la ville d'Apt et la vallée du Coulon, si riche en produits de toute nature, appartenant au commerce général, soient reliées au chemin de fer d'Avignon à Gap par un embranchement venant se souder à l'Isle ou à Cavaillon.   .

_____

Adhésion de 37 communes de l'arrondissemont d'Apt.

_____

ARDÈCHE.

Conseil général de l'Ardèche.

Chambre consultative des Arts et Manufactures d'Annonay.

Conseils municipaux d'Annonay, d'Aubenas, de Largentière, de Rochemaure et de Privas.

Adhésion des Conseils municipaux de Joyeuse et de Villeneuve sur Berg.

Conseil général de l'Ardèche.

27 Août 1862.

Le département de l'Ardèche, comme tous ceux qui dans le Midi de l'Empire attendent la construction des chemins de fer qui doivent desservir leurs intérêts en souffrance, s'est vivement ému de la lutte ardente soulevée entre deux grandes Compagnies de chemins de fer : il a recherché l'intérêt qu'il pouvait avoir dans cette lutte et si cet intérêt était d'accord avec l'intérêt général.

L'opinion publique n'a pas balancé un moment ; elle s'est prononcée partout avec énergie en faveur des projets présentés par la Compagnie de la Méditerranée, et le Conseil général, organe de cette opinion, a pris à l'unanimité la délibération suivante :

Les projets que présente la Compagnie de la Méditerranée comprennent une ligne qui est désignée comme devant partir d'Alais pour se diriger sur la vallée du Rhône par le col de Saint-Jean-le-Centenier et la vallée de l'Ardèche, et rejoindre près du Pouzin l'embranchement de Livron à Privas. La désignation d'Alais n'est qu'indicatrice, la ligne devant partir de la gare de Robiac, près Bességes, se diriger vers les plaines d'Aubenas en se rapprochant le plus possible des centres de population. Les Vans, Joyeuse, Largentière et Aubenas, et des gîtes houillers et ferrifères, comprendre un embranchement sur Aubenas dans le cas où elle n'arriverait pas au pied de cette ville, et suivre ensuite la direction indiquée par le col de Saint-Jean-le-Centenier.

Un chemin de fer établi dans cette direction desservirait d'une manière complète les intérêts de la partie méridionale du département, intéresserait dans un avenir très-prochain et au même degré la partie du Nord et donnerait à la Compagnie une large rémunération par le tonnage et le nombre de voyageurs que lui assureraient les seules localités traversées. Il satisferait également à l'intérêt général ; il amènerait nécessairement dans un avenir prochain le raccordement du chemin de fer de La Voulte à Givors, dont une partie serait exécutée par la construction du chemin d'Annonay à Saint-Rambert en cours d'exécution, et créerait ainsi une ligne nouvelle complétement indépendante et plus courte entre Cette et Lyon, déchargeant le chemin de Nimes à Tarascon, où de fréquents encombrements ont si souvent apporté des perturbations regrettables dans les relations commerciales.

Si la ligne de Milhau à Lunel, dont la Compagnie de la Méditerranée demande la concession s'exécute, cette ligne, réunie par un embranchement qui sera fort court à celle de Nimes à Alais, à la station de Vézenobre, créera, par la direction par l'Ardèche, une seconde communication par le Rouergue entre le Languedoc et Lyon, avec une abréviation très-considérable de parcours sur la ligne actuelle, et qui déchargera utilement les autres lignes.

Ces indications sommaires prouvent déjà que l'établissement du chemin de fer d'Alais au Pouzin, s'il intéresse fortement le département de l'Ardèche, ne présente pas moins d'intérêt au point de vue de la viabilité générale. Ce double intérêt a déjà été reconnu par Son Excellence M. le Ministre des travaux publics qui daigna donner l'assurance aux délégués de l'Ardèche qui s'étaient rendus auprès de lui, lors de la discussion soulevée à propos de la direction à adopter pour le chemin de Brioude à Alais, que le Gouvernement ordonnerait l'exécution de ce chemin, appelé à donner ainsi satisfaction à de nombreuses et intéressantes populations.

Le Conseil ne veut pas entrer dans l'examen des avantages que présentent les autres lignes dont la concession est demandée par la Compagnie de la Méditerranée, qui toutes cependant se recommandent par le plus haut degré d'utilité, particulièrement la ligne sur Aix qui créera une nouvelle direction de Marseille vers le Nord, indépendante du tunnel de la Nerthe, et reliera Marseille aux départements des Hautes et Basses-Alpes, et celle de Lunel à Arles, qui établira la meilleure communication entre Cette, Montpellier et Marseille, à travers des populations nombreuses, riches et industrieuses. Ces avantages seront démontrés avec plus d'autorité par les localités qui sont plus directement intéressées ; cependant il croit devoir indiquer quelques motifs d'intérêt général qui lui ont paru assez puissants pour ne pas permettre l'hésitation.

1° Le chemin de fer qui serait construit le long du littoral ne traverserait que des pays déserts, des étangs fiévreux, à l'exception de Martigues et de Bouc que la Compagnie de la Méditerranée offre de joindre à Marseille ; il serait exposé à de fréquentes inondations et on ne comprendrait pas l'adoption de cette direction qui ferait sacrifier les intérêts de la riche contrée entre Lunel et Arles, et qui n'aurait d'autre but que d'obtenir une abréviation de parcours qui se réduit en définitive à 15 kilomètres, alors surtout que la Compagnie de la Méditerranée offre de ne pas tenir compte de cet allongement de parcours pour les transports de voyageurs et de marchandises. 2° La direction par le littoral aura pour effet certain de détruire le cabotage entre Marseille et Cette; ce cabotage fournit de nombreuses inscriptions maritimes et non-seulement la marine marchande mais la marine de l'État ont le plus grand intérêt à sa conservation. 3° Par le chemin du littoral, les embouchures du Rhône seront fermées par des viaducs qui apporteraient la gêne la plus grande à la navigation. Il faudrait y établir des ponts tournants et il arriverait souvent que le mouvement de la navigation et même la circulation sur la voie ferrée seraient arrêtés. 4° Au point de vue de la sécurité des côtes, le chemin, le long du littoral, serait placé dans une fâcheuse position et ne présenterait aucune sécurité, car il suffirait d'un bateau ennemi qui, la nuit, débarquerait quelques hommes sur le rivage pour le couper et arrêter toute circulation. 5° La concession demandée par la Compagnie du Midi serait bien plus onéreuse pour les finances de l'État; il y a dans les chemins qu'elle propose, de plus que dans ceux présentés par la Méditerranée, 36 kilomètres qui devraient être construits dans les conditions onéreuses de la loi de 1842.

Le Conseil, déterminé par les motifs qui précèdent, considérant d'ailleurs qu'il y aurait des dangers sérieux à permettre à des Compagnies rivales d'empiéter dans le réseau l'une de l'autre, supplie le Gouvernement d'adopter les diverses lignes présentées par la Compagnie de la Méditerranée et d'accorder à cette Compagnie la concession de ces lignes, aux meilleures conditions de tarifs, pour assurer leur prompte exécution.

Chambre consultative des Arts et Manufactures d'Annonay.

La Chambre consultative d'Annonay, attentive à tout ce qui peut favoriser le développement du commerce et de l'industrie, s'est vivement préoccupée des diverses lignes ferrées proposées à l'État, et ne pourrait rester indifférente à la lutte de deux Compagnies rivales à cette occasion.

Considérant que la Compagnie de la Méditerranée offre d'établir divers embranchements (dont suit la nomenclature) destinés à relier plus intimement à Marseille, dont l'importance ne saurait être méconnue, les départements de l'Aveyron, de l'Hérault et du Gard ;

Considérant que la direction de ces lignes répond entièrement aux intérêts de ces contrées, et aussi à ceux de la France, en permettant aux transports de Bordeaux et du Languedoc d'arriver à destination sans perdre charge, tout en satisfaisant encore de nombreuses localités privées de ces avantages jusqu'à présent ;

Considérant que le projet présenté par la Compagnie du Midi, d'aller directement de Bordeaux à Marseille par le littoral de la mer (depuis Cette) n'offre dans son parcours que de rares industries, un pays malsain, des populations disséminées, peu ou point d'abréviation de parcours ;

Considérant, d'ailleurs, que la Compagnie de la Méditerranée s'engage à ne pas tenir compte d'un allongement de parcours, s'il pouvait en surgir des lignes qu'elle propose ;

Considérant que c'est à tort que la Compagnie du Midi suppose que la Méditerranée ne pourrait desservir les villes de Bouc et Martigues, puisqu'elle y pourvoirait par un embranchement partant du Pas-des-Lanciers ;

Considérant que la direction choisie par la Compagnie du Midi détruira, sans aucun doute, le cabotage actuel entre Cette et Marseille, au grand détriment de la marine marchande et de la marine militaire;

Considérant que la construction de cette ligne amènerait d'inévitables travaux d'art, aux embouchures du Rhône, de nature à arrêter tout à la fois la navigation et même la circulation de la voie ferrée ;

Considérant que la concession demandée par la Compagnie du Midi serait bien plus onéreuse aux finances de l'État que celle sollicitée par la Méditerranée, puisqu'il y aurait environ 36 kilomètres qui devront être construits suivant la loi de 1842;

Considérant que dans le nombre des lignes présentées par la Compagnie de la Méditerranée se trouve celle directe de Marseille à Aix, ce qui ouvre déjà la facilité de la prolonger, par les vallées des Alpes, jusqu'à Grenoble, pour établir une nouvelle communication avec le Nord, en desservant Gap, Digne et d'autres industrieuses populations;

Considérant que la Compagnie de la Méditerranée demande aussi la concession d'un chemin de fer partant d'Alais ou Bésséges au Pouzin, par la vallée de l'Ardèche ;

Considérant que cette voie se dirigerait dans les plaines d'Aubenas, en se rapprochant le plus possible des centres de population : Les Vans, Vallon, Joyeuse, Largentière, et des gîtes houillers et ferrifères ;

Considérant que cette direction satisferait d'une manière complète les intérêts de la partie méridionale du département dans un avenir très-prochain;

Considérant aussi que l'intérêt général et ceux de la partie Nord de l'Ardèche pourraient espérer alors de voir bientôt se prolonger le chemin en amont de la Voulte sur la rive droite du Rhône;

Considérant que la ligne d'Alais au Pouzin, et toutes les autres décrites au projet de la Compagnie de la Méditerranée, se recommandent évidemment par le plus haut degré d'utilité publique,

La Chambre consultative d'Annonay, déterminée par les motifs puissants qui précèdent, supplie le Gouvernement d'adopter les diverses lignes présentées par la Compagnie de la Méditerranée, en accordant leur concession aux meilleures conditions de tarifs, pour en assurer la prompte exécution :

1° Une ligne de Lunel à Arles;

2° Embranchement du Pas-des-Lanciers à Bouc et Martigues ;

3° Seconde ligne de Marseille à Aix, indépendante du souterrain de la Nerthe ;

4° Un chemin d'Aigues-Mortes à Lunel, prolongé jusqu'au Vigan ;

5° Un chemin de fer de Lunel à Milhau par le Vigan ;

6° Un chemin de fer d'Alais au Pouzin, s'embranchant sur Aubenas ; divers raccordements entre la ligne d'Alais et celle de Lunel par Anduze ;

7° Un embranchement d'Uchaud, sur la ligne de Lunel à Arles ;

8° Un embranchement partant d'Uzès et se raccordant sur la ligne d'Alais à Nîmes.

Conseil municipal d'Annonay.

———

29 Septembre 1862.

———

Considérant qu'il est du devoir des représentants d'une cité commerçante et industrielle comme la ville d'Annonay, de veiller à tout ce qui peut maintenir ou développer les succès de ses industries et de son commerce ; que, dans la lutte engagée en ce moment entre les deux puissantes Compagnies de voies ferrées, le Midi et la Méditerranée, relatives à de nouvelles concessions sollicitées par elles, l'intérêt de la ville d'Annonay n'est pas étranger à la solution qui peut intervenir ;

Que les diverses lignes proposées par la Compagnie de la Méditerranée répondent non-seulement aux divers besoins que la compagnie du Midi prétend satisfaire par la concession qu'elle demande, mais ouvrent encore dans le midi du département de l'Ardèche des communications depuis longtemps sollicitées. La ligne d'Alais au Pouzin, s'embranchant sur Aubenas, conduirait sans contredit dans un avenir rapproché au prolongement de cette même ligne jusqu'à Saint-Étienne en suivant la rive droite du Rhône.

Cette voie ferrée, qui longerait ainsi le département de l'Ardèche, faciliterait l'écoulement de ses richesses agricoles et minérales; elle déchargerait la ligne ferrée de la rive gauche, reconnue insuffisante pour les nombreux échanges entre le Midi et le Nord de la France, et ferait ainsi cesser les plaintes du commerce sur les retards qu'éprouvent aujourd'hui les expéditions, par suite de l'encombrement des gares de ce chemin ;

Considérant que les lignes que la Compagnie de la Méditerranée se propose d'établir dans le bas du département de l'Ardèche seront une conquête heureuse pour ce département, qui a été si longtemps privé de toute voie ferrée, quand les autres départements en étaient si largement dotés ; que la ville d'Annonay ne peut être indifférente au développement du commerce et de l'industrie du département auquel elle appartient, et qui reflue sur ses propres industries ;

Considérant qu'au point de vue général pour la France, la création d'une voie ferrée sur le littoral de la Méditerranée aurait pour effet de détruire le cabotage très-considérable existant actuellement entre Cette et Marseille, et que la marine marchande (aussi bien que celle de l'État) perdrait considérablement à ce funeste résultat; que, d'autre part, cette ligne, traversant des localités désertes, ne desservirait aucune population, tandis que celles que la Compagnie de la Méditerranée s'offre d'établir relient ensemble une foule de localités populeuses et douées d'un esprit essentiellement commercial et industriel ; qu'enfin, la Compagnie du Midi, reconnaissant elle-même les difficultés d'exécution que rencontrerait cette voie ferrée, si peu en rapport avec les bénéfices à espérer, réclame le secours de l'État, conformément à la loi de 1842, sur un parcours de 36 kilomètres environ, et grèverait ainsi le trésor d'une dépense et d'un secours que ne réclame point la Compagnie de la Méditerranée.

Par ces motifs, le Conseil émet à l'unanimité le vœu que les propositions faites par la Compagnie de la Méditerranée de construire les voies ferrées désignées plus haut soient accueillies par le Gouvernement de Sa Majesté, sans égard à l'opposi- de la Compagnie du Midi.

Conseil municipal d'Aubenas.

9 Septembre 1862.

Le Conseil municipal de la ville d'Aubenas, département de l'Ardèche,

Vu l'enquête relative aux chemins de fer du Midi projetés ;

Vu le vœu émis par le Conseil général de l'Ardèche dans sa séance du 27 août, pour la concession à la Compagnie de la Méditerranée de nouvelles lignes destinées à compléter son réseau méridional de chemins de fer, parmi lesquelles se trouve la ligne d'Alais au Pouzin par la vallée de l'Ardèche, avec un embranchement sur Aubenas,

Déclare, à l'unanimité, s'associer pleinement au vœu exprimé par le Consei général et par les motifs énoncés dans sa délibération. Il appuie de tout son pouvoir la demande en concession de la Compagnie de la Méditerranée, demande qui donne satisfaction à tant d'intérêts légitimes.

L'utilité d'une ligne de raccordement entre le chemin de fer d'Alais et celui de Privas à Livron est universellement reconnue.

Cette ligne, qui vivifierait la partie méridionale du département et particulière-ment la ville d'Aubenas, centre du commerce des soies de toute la contrée, est devenue une nécessité depuis la découverte et la mise en exploitation de riches mi-nerais de fer dans les cantons de Largentière et d'Aubenas, et l'extension donnée à l'exploitation des mines de houille de Baune et autres lieux.

Elle établirait une communication prompte et sûre entre le Nord et le Midi de la France, à la différence toute à son avantage de la ligne projetée sur le littoral de la Méditerranée, laquelle, en cas de guerre, quelques hommes jetés de nuit sur la côte pourraient en quelques instants dégrader, de manière à intercepter toutes communications.

Conseil municipal de Largentière.

---

14 Septembre 1862.

Considérant enfin que le projet présenté par la Compagnie de Paris à Lyon et à la Méditerranée se lie heureusement à l'établissement des lignes projetées en voie d'exécution dans les départements limitrophes ;

Qu'il satisfait les intérêts de l'Hérault en lui assurant la ligne de l'Aveyron, qu'il complète le réseau du Gard par des lignes accessoires et importantes ;

Qu'il ouvre et crée dans l'Ardèche une ligne se dirigeant d'Alais à Privas, en passant par le col de Saint-Jean-le-Centenier ;

Que le Conseil général de l'Ardèche, dans sa dernière session, a hautement apprécié l'importance de cette ligne, destinée à vivifier notre industrie vivaraise ;

Que cette voie devrait naturellement traverser les localités les plus importantes et les plus productives de la partie basse de notre arrondissement, telles que Les Vans et Joyeuse, en se rapprochant le plus possible de son chef-lieu ;

Que Largentière, trouvant alors une issue sur une large voie de circulation industrielle, obtiendrait un débouché facile pour ses denrées, ses soies, ses houilles et son minerai de fer, qu'elle échangerait contre d'autres produits ;

Qu'affranchie du désavantage de sa position topographique, notre ville jusqu'à ce jour resserrée dans d'infranchissables barrières, prendrait ainsi une large et légitime part à l'activité industrielle et au mouvement général ;

Par ces motifs, le Conseil, à l'unanimité, est d'avis que le projet, tel qu'il est présenté par la Compagnie du chemin de fer de Paris à Lyon et à la Méditerranée, soit déclaré d'utilité publique, tel qu'il se comporte, avec ses accessoires et annexes, à l'exclusion du projet présenté par la Compagnie du Midi.

Conseil municipal de Rochemaure.

21 Septembre 1862.

Le Conseil, après examen des deux projets, a présenté les observations suivantes :

Le département de l'Ardèche jusqu'ici déshérité de toute voie ferrée, vient enfin d'entrer dans le mouvement imprimé dans tout l'Empire. La ligne de Privas à Livron et celle de Saint-Rambert à Annonay, sont et ne peuvent être que des tronçons d'un intérêt local, quoique très-considérable. Le projet présenté par la Compagnie de la Méditerranée d'une ligne d'Alais au Pouzin, avec embranchement sur Aubenas, aurait pour effet de leur donner une plus grande importance, mais surtout de faire entrer le département dans cette voie de progrès industriel qui fait la richesse d'un pays; faute de débouchés suffisants, une grande partie des denrées de la vallée de l'Ardèche ne peuvent être exportées. De nombreux gisements de houille et de minerai de fer restent improductifs alors qu'ils pourraient donner la vie à des pays jusqu'ici abandonnés et à l'industrie métallurgique de nouvelles forces dans la lutte qu'elle soutient contre la concurrence étrangère.

L'exécution de ce projet changerait l'aspect du département. Traversé dans toute sa partie méridionale, il ne pourrait tarder à l'être dans la partie du Nord, par le prolongement de La Voulte à Givors. Ainsi relié avec le Midi et le Nord de la France, il en retirerait un avantage immense, et il ne serait pas moindre pour le commerce. Les encombrements de la ligne de Lyon à Marseille, qui lui sont si préjudiciables, disparaîtraient complétement, car alors les produits et marchandises venant du Sud-Ouest à destination du Nord suivraient inévitablement cette ligne. Il en serait de même pour les produits du Nord destinés à ces contrées.

Les autres tronçons proposés par cette Compagnie, formant un ensemble qui compléterait son réseau méridional, viendraient ajouter encore à l'importance de cette ligne et décharger d'une manière très-efficace celle de Lyon à Marseille.

Le projet de la Compagnie du Midi se présente-t-il avec des avantages, sinon supérieurs, au moins égaux? On peut hardiment soutenir la négative. Les arguments produits dans l'enquête, et notamment par la chambre de commerce de Marseille, dont l'autorité en pareille matière ne peut être contestée, permettent d'apprécier sainement cette question, et par suite de donner la préférence à la Compagnie de Paris à Lyon et à la Méditerranée.

Le Conseil, à l'unanimité, émet en conséquence un vœu chaleureux en faveur des projets de cette Compagnie, et demande avec instance que le Gouvernement lui accorde les concessions demandées.

Conseil municipal de Privas.

---

21 Septembre 1862.

Le Conseil,

S'en référant aux motifs si victorieusement développés dans la délibération du Conseil général du département de l'Ardèche, donne la préférence aux projets de la Compagnie de la Méditerranée. Il pense que les propositions de la Compagnie du Midi ne sauraient satisfaire au même degré les intérêts du commerce et des populations du Midi de la France.

Adhésion des Conseils municipaux de Joyeuse et de Villeneuve-sur-Berg.

DROME.

Conseil général.

Conseil général de la Drôme.

Considérant que les concessions faites par l'État aux Compagnies de chemins de fer, en obligeant ces Compagnies à l'exécution d'embranchements d'un faible parcours souvent onéreux pour elles en compensation des avantages ou subventions qui leur sont accordés, constituent un contrat que les parties doivent respecter ;

Qu'il serait en conséquence injuste de permettre à une Compagnie rivale de s'introduire dans un réseau concédé, à moins qu'un grand intérêt public ne commandât cette immixtion, ce qui est contestable dans le cas ;

Que cette immixtion, dût-elle donner satisfaction à un intérêt public, aurait pour résultat d'alarmer par le principe qu'elle consacrerait la confiance des capitalistes et d'ébranler le crédit des Compagnies, crédit qui leur est indispensable pour l'exécution des embranchements secondaires de leurs réseaux ;

Considérant qu'à ce point de vue elle nuirait essentiellement aux intérêts de ces mêmes populations qui attendent avec une légitime impatience l'exécution de ces embranchements ;

Considérant que ce ne serait qu'en cas d'insuffisance de la Compagnie de la Méditerranée qu'il y aurait lieu de concéder à une Compagnie rivale les embranchements compris dans le réseau qui lui est concédé ;

Que cette insuffisance n'est pas constatée ;

Qu'au contraire la Compagnie de la Méditerranée vient de livrer à la circulation l'embranchement de Privas à Livron, qu'elle travaille avec activité à celui de Valence à Grenoble, et qu'elle paraît disposée à commencer prochainement celui de Livron à Crest, et qu'ainsi rien ne motive contre elle la mesure exceptionnelle de l'immixtion dans son réseau d'une Compagnie rivale ;

Considérant que si le trafic de la ligne principale de Marseille à Lyon a dépassé toutes les prévisions, et que si cette ligne est aujourd'hui surchargée, ce qu'on ne saurait contester, la Compagnie de Lyon à la Méditerranée met à l'enquête pour pourvoir à l'insuffisance actuelle ou à venir de cette ligne :

1° L'embranchement direct de Marseille à Aix qui permettra de parer à une interruption accidentelle de parcours à travers le souterrain de la Nerthe, et qui, soudé, à Pertuis, à l'embranchement par la vallée de la Durance d'Avignon à Gap, permettra de décharger la partie de la ligne de Marseille à Avignon du trafic des marchandises à petite vitesse ;

2° L'embranchement de Marseille à Bouc par les Martigues, lequel prolongé au besoin jusqu'à Arles par la rive gauche du Rhône, constituerait avec l'embranchement d'Arles à Lunel, que la Compagnie met aux enquêtes, et celui de Lunel à Brioude par Milhau qu'elle projette, une grande ligne distincte ;

Qu'il résulte ainsi des projets mis aux enquêtes par la Compagnie que le commerce de Marseille pourra être déversé sur l'Est, le Centre et le Sud-Ouest de la France par trois grandes artères, qui, embrassant dans leur secteur, les trois quarts de la superficie territoriale de l'Empire, paraissent devoir, au moyen des lignes secondaires qui s'y soudent ou doivent s'y souder, donner satisfaction à tous les besoins du présent et de l'avenir;

Considérant que si l'on pouvait concevoir quelques doutes sur la suffisance de ces trois lignes à desservir les intérêts que peuvent faire naître le percement de l'isthme de Suez et le développement qui doit en résulter pour le commerce de Marseille, la possibilité de doubler les voies actuelles du tronçon principal de Marseille à Lyon, en affectant exclusivement deux de ces voies au trafic des marchandises, doit calmer à cet égard toutes les appréhensions;

Considérant que l'établissement d'un embranchement par le littoral de Cette à Marseille ne correspond qu'à des intérêts restreints comparativement à ceux que desservent les embranchements mis à l'enquête par la Compagnie de la Méditerranée;

Qu'il ne peut desservir qu'un secteur équivalent au quart de la superficie totale du territoire de l'Empire ;

Que son établissement serait une gêne pour la navigation du Rhône, si on ne donnait pas au massif de la voie une attitude suffisante, et que dans ce cas il constituerait, en barrant la vallée du Rhône à son débouché, un danger permanent d'inondations pour le bas de cette vallée;

Que loin d'assurer d'une manière plus efficace que les embranchements projetés par la Compagnie de la Méditerranée la permanence du parcours, il est au contraire plus exposé que ces embranchements à être emporté par les eaux d'inondations ou à être recouvert par la lame que chassent à la côte les vents violents du Sud-Ouest.

Au point de vue spécial de l'intérêt du département de la Drôme,

Considérant que l'établissement projeté par la Compagnie, d'un embranchement de Saint-Ambroix au Pousin, desservant par un tronçon la ville d'Aubenas permettra de soulager le trafic des voies principales entre Avignon et Valence, et que cet embranchement mettra en relations directes le centre du département et la vallée de l'Isère avec Nîmes et le Languedoc, et surtout avec le bassin houiller d'Alais ;

Par tous ces motifs,

Le Conseil, à l'unanimité, émet le vœu que les embranchements mis aux enquêtes par la Compagnie de la Méditerranée soient préférés par le Gouvernement à l'embranchement par le littoral présenté par la Compagnie du Midi et que cette Compagnie soit déboutée de ses prétentions ;

Il émet aussi le vœu que l'embranchement partant du Pas-des-Lanciers pour se diriger sur les Martigues et Bouc soit soudé de préférence, s'il est possible, à Marseille même, afin de donner une garantie de plus contre l'interruption du parcours par le souterrain de la Nerthe.

BASSES-ALPES.

Conseil général.

Conseil général des Basses-Alpes.

M. de Barlet, rapporteur, s'exprime en ces termes :

Messieurs,

La création d'un chemin de fer direct d'Aix à Marseille, en évitant le long circuit de la voie actuelle par Rognac, et surtout en ouvrant une nouvelle voie de communication si nécessaire de Marseille à Aix, indépendante du tunnel de la Nerthe et exempte de tous les inconvénients possibles de cette dernière voie, d'ailleurs insuffisante pour les besoins du commerce de Marseille avec le Nord et l'Est de la France, comme l'a prouvé l'expérience, est un complément indispensable de la voie ferrée de Gap à Avignon, avec embranchement sur Aix.

Son résultat précieux, le plus immédiat, serait, pour tous et pour tout, pour les personnes comme pour les marchandises, une économie de temps et d'argent.

Il offre des avantages immenses, non-seulement pour les relations si fréquentes d'Aix et de Marseille, mais encore pour les Basses et Hautes-Alpes dont les relations séculaires doivent être non entravées, mais au contraire favorisées avec Marseille, qui de tout temps a été l'objet et le but de ces relations, leur point de départ et leur point d'arrivée.

Il établirait un état de choses très-favorable aux aspirations alpestres pour la continuation jusqu'à Grenoble de la voie ferrée de Gap, soit en empruntant cette voie ferrée à Sisteron, pour la conduire directement à Grenoble par la Croix-Haute.

L'intérêt de l'Italie se joint donc à celui des Bouches-du-Rhône, des Hautes et Basses-Alpes.

De là les chaleureuses adhésions que le projet d'un chemin de fer direct d'Aix à Marseille a suscitées partout, et dont se sont faites les interprètes les villes d'Aix, de Gap et de Grenoble.

L'exécution de ce projet, dont un comité formé à Aix a pris l'initiative, est d'un intérêt beaucoup plus général, puisqu'il ouvrirait à Marseille et à son commerce une seconde issue vers le Nord, qu'il répondrait aux vœux légitimes des nombreuses populations depuis la mer jusqu'à Grenoble, Chambéry et au delà, et qu'il relierait la Provence et le Dauphiné avec la Savoie, la Suisse, le Piémont et l'Italie.

En conséquence, le Conseil général, joignant ses vœux à ceux du comité formé à Aix pour un chemin de fer direct d'Aix à Marseille, adresse au Gouvernement les prières les plus pressantes, pour la plus prochaine étude et la plus prompte exécution de cette voie ferrée.

HAUTES-ALPES.

———

Conseil général.

Conseil général des Hautes-Alpes.

---

30 Août 1862.

Le Conseil :

Convaincu que l'avenir des voies ferrées du département se relie essentiellement à la plus grande prospérité possible de la Compagnie de Lyon à la Méditerranée, émet le vœu que le Gouvernement accorde à ladite Compagnie de Lyon à la Méditerranée les concessions qu'elle sollicite en ce moment en concurrence à la Compagnie du Midi.

ISÈRE.

——

Conseil général.

Conseil général de l'Isère.

51 Août 1862.

Le Rapporteur, après avoir exposé le projet présenté par la Compagnie du Midi, ajoute :

La Compagnie de la Méditerranée combat vivement cette prétention, qui lui paraît un empiétement sur son réseau. Elle soutient qu'elle peut donner aux intérêts généraux une satisfaction beaucoup plus complète par la création de plusieurs nouveaux chemins qu'elle prend l'engagment d'exécuter, et qui sont marqués sur la carte par une teinte rose.

Au point de vue des intérêts de notre pays, des départements du Dauphiné et de la Provence, nous pouvons affirmer sans hésiter que le chemin proposé par la Compagnie du Midi est absolument étranger à ces mêmes intérêts. Il ne servira qu'à remplacer par une voie ferrée la voie maritime beaucoup plus économique, qui sert actuellement aux relations existant entre Cette et Marseille, relations dont l'importance aurait même été fort exagérée.

Au contraire, l'exécution des embranchements proposés par la Méditerranée ouvre vers le Sud-Ouest aux départements de l'Isère et de la Drôme un nouveau débouché avec l'Ardèche, les Cévennes et le haut Languedoc, au moyen de l'embranchement de Livron à Privas, déjà livré à l'exploitation, et sur lequel vient se souder une nouvelle ligne qui se raccorde avec celle de Nîmes à Alais.

Mais ce qui est pour nous du plus puissant intérêt, c'est que la Compagnie de la

Méditerranée, déjà concessionnaire de la ligne de Gap, s'engage à relier directement cette ligne à Aix, Marseille, Toulon et Nice, et cela sans emprunter le souterrain de la Nerthe, ni la grande ligne de Lyon à la Méditerranée.

De cette lutte entre les deux Compagnies, il s'est dégagé un fait très-important que nous avions signalé, que M. Massy avait appuyé avec toute la vivacité de son intelligence, et qui est aujourd'hui hors de discussion pour tout le monde.

Ce fait, c'est qu'il est nécessaire, c'est qu'il est urgent de donner une seconde issue à Marseille. Il faut que le premier port de la Méditerranée, que le plus vaste entrepôt de céréales de tout le continent, ait une deuxième ligne évitant le long tunnel de la Nerthe, et servant d'auxiliaire à la ligne actuelle, dont l'encombrement est l'objet des plaintes unanimes du commerce, surtout lorsqu'une récolte mauvaise, ou même insuffisante, exige le transport de quantités considérables de blés étrangers.

Or, il ne peut y avoir aucun doute sur la direction que doit suivre cette ligne auxiliaire.

Il est évident que c'est par le Nord; car c'est avec le Nord, avec Lyon et Paris, que Marseille entretient le plus vaste mouvement d'affaires.

Ce tracé direct de Marseille à Aix se reliant à la ligne d'Avignon à Gap, dont la construction doit être entreprise dès l'année prochaine, sera le premier tronçon de la nouvelle voie ferrée qui, prolongée à un point quelconque de Gap à Grenoble, mettra Marseille d'abord en communication avec Lyon, ensuite avec Chambéry, la Suisse, l'est de la France et l'Allemagne.

Nous ne devons pas oublier de vous faire remarquer que cette ligne de Marseille à Gap n'est autre que la grande ligne de France en Italie par Briançon et le Mont-Genèvre qui devra nécessairement être continuée, quelle que soit l'issue du travail gigantesque entrepris pour le percement du Mont-Cenis.

Mais même que cette grande œuvre parvienne à son achèvement, en supposant encore que l'exécution de la ligne du Mont-Genèvre soit retardée, ne faudra-t-il pas de toute nécessité ouvrir à Marseille, à la Provence, une communication directe, et de beaucoup la plus courte avec la haute Italie, la Vénétie et les provinces du Tyrol? La communication entre Gap et Grenoble satisfait à ce grand intérêt, puisque de là on parvient par des lignes déjà faites ou presque achevées au pied du Mont-Cenis.

La communication que vous sollicitez entre l'Isère et les Hautes-Alpes n'est donc plus *une nouvelle ligne*; ce n'est pas même un *embranchement*; c'est *une simple lacune* d'une grande ligne, d'une artère principale, commandée par tous les intérêts et qui deviendrait stérile, si cette lacune n'était pas comblée.

Aussi, Messieurs, les populations du Midi se sont-elles empressées de se faire entendre dans l'enquête ouverte à l'occasion du débat soulevé entre les deux Compagnies. Les Conseils généraux des départements de la Provence, des Alpes-Maritimes ont été consultés. Presque toutes les villes principales ont émis leurs vœux en faveur des embranchements proposés par la Compagnie de la Méditerranée.

La ville de Grenoble a été l'une des premières à répondre à cet appel. Par une délibération du 27 juin dernier, le Conseil municipal du chef-lieu de notre département n'hésite pas à se joindre aux vœux émis par la ville d'Aix et par les autres villes de la Provence. « Si l'on jette, dit ce Conseil, un coup d'œil sur la carte, on est « frappé de voir la grande région qui sépare Marseille de Grenoble privée de voies « ferrées, alors que du même regard, on reconnaît immédiatement que cette con- « trée est la véritable communication indiquée à Marseille, la Savoie, la Suisse, « tout le Nord de la France, l'Allemagne, etc. Et cependant, la contrée alpestre du « Sud-Est de l'empire, aujourd'hui déshéritée de chemins de fer, abonde en produits « agricoles, en cours d'eau, en richesses minérales de toute nature ; et il ne lui « manque que le secours des chemins de fer pour abonder en produits indus- « triels. »

A tant de considérations, nous devons ajouter que cette ligne intéresse essentiellement la défense du territoire.

Aussi, messieurs, votre commission a l'honneur de vous proposer la résolution suivante :

Le Conseil renouvelle avec les plus vives instances les vœux qu'il a précédemment émis pour la reprise et la continuation des études d'un chemin de fer de Grenoble à Marseille par le département des Hautes-Alpes et devant se relier à celui déjà concédé d'Avignon à Gap, et comme moyen d'arriver à la réalisation du projet, le Conseil émet le vœu que la seconde sortie de Marseille et une seconde voie auxiliaire dont la nécessité est généralement reconnue soient établies vers le Nord par le tracé direct entre Marseille et Aix, devenant ainsi le premier tronçon de la ligne des Alpes, de Marseille à Grenoble par le département des Hautes-Alpes.

En conséquence, le Conseil exprime l'avis que les propositions faites par la Compagnie de Paris à Lyon et à la Méditerranée d'exécuter le tracé direct de Marseille à Aix, et de la ligne d'Avignon à Gap, obtiennent la préférence et soient adoptées par l'administration supérieure.

Les conclusions du rapport sont successivement mises aux voix et adoptées.

ALPES-MARITIMES.

Conseil général.

Conseil général des Alpes-Maritimes.

28 Août 1862.

Le Président de la section des travaux publics fait un rapport au sujet d'une communication directe entre Marseille et Bordeaux, et de l'ouverture d'une issue autre que celle du souterrain de la Nerthe. Il expose de quelle manière chacune des deux Compagnies entend satisfaire aux nouveaux besoins qui se sont manifestés depuis l'an dernier.

La Compagnie du Midi propose de construire un chemin direct sur le littoral, entre Cette et Marseille, avec une entrée spéciale et une gare nouvelle, communiquant avec les ports en construction à Marseille.

La Compagnie de la Méditerranée demande la priorité pour l'exécution du même programme ; elle est prête à ouvrir, entre Cette et Marseille, une nouvelle ligne partant de la station du Pas-des-Lanciers, à l'issue du souterrain de la Nerthe, et se dirigeant sur Cette en traversant la Camargue et les riches plaines au delà du Petit-Rhône, tandis que la ligne du littoral ne traverse que des lagunes et des pays déserts et malsains. Pour donner à Marseille une nouvelle gare et une seconde issue aux marchandises accumulées dans le port de Marseille, dans la prévision que la circulation dans le souterrain de la Nerthe pourrait être interrompue, elle demande la concession d'une ligne directe sur la ville d'Aix, et elle propose de prolonger cette ligne vers Avignon.

Les autres propositions des Compagnies ne concernant en rien le département des Alpes-Maritimes, le Rapporteur s'abstient de les faire connaître.

La discussion s'engage sur la manière dont les deux Compagnies remplissent leurs obligations, les avantages de la concurrence et toutes les graves questions que soulève cette importante affaire.

Quelques membres se prononcent en faveur de la Compagnie du Midi et s'attachent à faire ressortir les avantages de la concurrence qui s'établira entre les deux Compagnies.

Le Conseil, reconnaissant que toutes les sympathies doivent être acquises à la Compagnie qui exploite les chemins de fer du Sud-Est, et qu'il importe que son crédit soit maintenu à la hauteur des besoins qui se révéleraient dans l'avenir, adopte, sur la proposition de la Commission, à la majorité de 16 voix contre 6, un vœu formulé de la manière suivante :

Le Conseil général,

Vu les diverses communications qui lui ont été faites par la Compagnie des chemins de fer du Midi et par la Compagnie des chemins de fer de Paris à Lyon et à la Méditerranée,

Est d'avis :

Qu'il y a lieu d'établir les nouvelles gares et les chemins de fer qui donneraient une communication directe entre Marseille et Bordeaux, ainsi qu'une voie autre que celle du souterrain de la Nerthe, pour sortir de Marseille, et pouvant la suppléer, au besoin, au cas où le passage serait interrompu ;

Que le Gouvernement donne la préférence à la Compagnie de la Méditerranée, qui exploite les chemins de fer du Sud-Est, dans le cas où il serait reconnu que ses propositions satisfont également aux conditions ci-dessus énoncées ;

Que le Gouvernement fasse au plus tôt la concession desdites lignes.

www.ingramcontent.com/pod-product-compliance
Lightning Source LLC
Chambersburg PA
CBHW072309210326
41519CB00057B/3104